FRANCK FERRAND

Franck Ferrand travaille pour la radio et la télévision. Après quinze ans de présentation d'« Au cœur de l'Histoire », la mythique émission d'Europe 1, Franck Ferrand rejoint Radio Classique, et participe à « Vivement dimanche prochain » aux côtés de Michel Drucker. Il a notamment écrit la trilogie romanesque de *La Cour des Dames* (Flammarion, 2007-2009), ainsi que de nombreux essais, dont *François Ier, roi de chimères* (2014) et le *Dictionnaire amoureux de Versailles* (2015).

FRANCK FERRAND
RACONTE

FRANCK FERRAND

FRANCK FERRAND RACONTE

PERRIN

ISBN : 978-2-266-29505-5
Dépôt légal : février 2020

1

À Hastings, Guillaume soumet l'Angleterre

Il y a plus de neuf cent cinquante ans, le « Bâtard » devient le « Conquérant » en écrasant les Anglo-Saxons du roi Harold. Une victoire aux conséquences incalculables.

En ces années 1060, le roi d'Angleterre est un homme faible et malingre, Édouard, dit le Confesseur. Ce pieux souverain ayant fait vœu de chasteté, il n'a pas eu d'héritier direct ; aussi a-t-il pris la déplorable habitude de promettre sa couronne à tous les ambitieux de passage à Londres, au premier rang desquels le puissant duc de Normandie, alors dans la force de l'âge. Ce Guillaume est né bâtard, son père Richard, duc de Normandie, ayant, dit-on, séduit une femme du peuple, Arlette, venue laver du linge au pied du château de Falaise. Il a dû, dès l'enfance, batailler ferme pour défendre ses droits. Son ambition ne connaît plus de limites. Tôt ou tard, elle ne pourra qu'entrer en concurrence avec celle du candidat naturel au trône d'Angleterre : Harold de Wessex.

Fatalité, par un jour tempétueux de 1064, ce cher Harold dérive au large d'Albion, jusqu'à venir s'échouer en terre normande ! Conduit au palais de Caen, il est reçu par Guillaume avec tous les honneurs. Mais son hôte est un homme habile ; il profite de l'aubaine pour faire jurer à son rival de lui bailler son aide, pour le cas hautement probable où Édouard viendrait à trépasser. Harold n'est guère en position de marchander ; il jure tout ce que l'on veut, la main tendue sur des coffres renfermant – à son insu – toutes sortes de reliques sacrées.

1066 : Édouard le Confesseur finit donc par rendre l'âme. Harold va-t-il tenir sa promesse, et ouvrir à Guillaume le chemin de Westminster ? Mais non ! Ramassant la couronne, Wessex la garde pour lui. À Caen, l'on maudit le scélérat, l'on crie au parjure…

Voilà donc, pour Guillaume le Bâtard, une occasion d'intervenir ! La conjoncture, du reste, est favorable au Normand : outre-Manche, Harold doit faire face à une attaque danoise sur ses côtes septentrionales – les Vikings, toujours… Guillaume, de son côté, est épaulé par le comte de Flandre et le roi de France, respectivement père et oncle de son épouse, Mathilde. Même le pape, Alexandre II, hier encore si dur à son égard, a choisi de soutenir ses ambitions !

Dans les pas de Jules César

Ayant confié solennellement son duché aux soins de Mathilde, Guillaume fourbit ses armes et réunit sous sa bannière quelque 7 000 guerriers – des Normands, certes, mais aussi des Bretons, des Boulonnais, des

Picards… Les envahisseurs doivent embarquer pour l'Angleterre dans l'estuaire de la Dives, non loin de notre Cabourg. D'énormes quantités de bois y sont acheminées, pour être transformées en navires par une armée de charpentiers. En six mois, tout est prêt pour l'aventure du siècle.

Le 12 septembre de ce crucial an 1066, l'expédition se dirige par cabotage vers l'anse de Saint-Valery-sur-Somme, d'où la traversée sera plus courte. Problème : les vents sont contraires et, durant une interminable quinzaine, l'on verra patienter Guillaume, les yeux rivés sur la girouette du village… Enfin, les vents tournent au sud et le duc embarque sur son *Mora* et ordonne à tous de larguer les amarres ! Vite, il faut à présent cingler vers les côtes anglaises.

La nuit venant, ce sont des centaines de petits fanaux qui brillent sur les flots et se rapprochent des falaises blanches… Quand, au petit matin du 29 septembre, le soleil dissipe les brumes, l'embarcation de Guillaume apparaît à portée des côtes, un peu en avant de l'armada, qu'il convient à présent d'attendre. La mer se couvre de dizaines et de dizaines de voilures ; la flotte des Normands va débarquer. Sur la plage de Pevensey, exactement comme Jules César et ses légions, onze siècles plus tôt.

Surprise pour Guillaume et les siens : personne, dans un premier temps, ne leur oppose de résistance. Les Anglais ne se montrent pas ! Harold aurait-il été mal informé ? La vérité est ailleurs : ces mêmes vents du nord qui, deux semaines durant, ont retardé l'armada normande ont au contraire donné des ailes aux Danois. De sorte que Wessex n'a pas eu d'autre choix que de porter au plus vite son armée tout là-haut, du côté de

Stamford Bridge. Une chance pour les Normands, qui, sans perdre de temps, mettent la côte en coupe réglée… Harold n'apprend leur débarquement qu'aux premiers jours d'octobre. Il décide aussitôt de rentrer à Londres à marche forcée – mais c'est pour constater la défection d'une partie de ses barons ! Le nouveau roi d'Angleterre – celui que les Normands traitent d'usurpateur – devra se contenter, pour contrer Guillaume et ses envahisseurs, d'une armée de 7 000 à 8 000 hommes. Autant dire que les forces en présence s'équilibrent à peu de chose près.

Aucun espoir de fuite

Avant la confrontation, Harold délègue un moine auprès de Guillaume. Son message rappelle les dernières volontés du roi Édouard, qui, sur son lit de mort, aurait désigné Wessex pour lui succéder. Qu'importe à Guillaume ! En réponse, ce dernier envoie en ambassade auprès de Harold un moine chargé de lui rappeler son serment sur les saintes reliques et sa détermination à l'aider. L'émissaire ajoute que le duc de Normandie propose de plaider sa cause « en jugement », car il est sûr de son droit. Et, dans le cas où Harold viendrait à redouter ledit jugement, le duc serait prêt à l'affronter en combat singulier, dans le but très chrétien d'épargner des vies humaines… Théâtre et gesticulations ; désormais, c'est inévitable : les armes vont parler.

Le 13 octobre 1066, dans la soirée, les deux armées sont en vue l'une de l'autre, près du bourg de Hastings. Le roi Harold installe ses troupes au sommet d'une colline, dans une position qu'il pense bénéfique.

Mais l'endroit est étroit – moins de 500 mètres –, ce qui contraint ses hommes à se serrer ; les meilleures troupes anglaises, les *housecarls*, qui combattent surtout à la hache, seront gênées dans leurs mouvements tournoyants. De son côté, Guillaume prend position dans la plaine.

Le 14 au matin, il assiste à la messe et prend soin de porter à son cou certaines petites reliques sur lesquelles Harold avait prêté serment. Il a fait vœu, en cas de victoire, d'édifier sur place une abbaye. Puis il harangue ses guerriers, d'une voix chaude et puissante, en leur rappelant qu'ils sont dos à la mer et n'ont par conséquent aucun espoir de fuite. En revanche, leur dit-il, s'ils combattent avec ardeur, la récompense de leur courage sera non seulement l'un des plus hauts faits d'armes de tous les temps, mais aussi, à portée de main, toutes les richesses, toutes les terres grasses, tous les bonheurs de l'Angleterre !

Le combat s'engage au matin, très âpre, et même d'une rare violence – une tuerie qui s'éternisera jusqu'au soir. Les Normands montent en hurlant à l'assaut du promontoire de Hastings… Mais du haut de cette position dominante, les Anglais criblent les troupes du jeune duc, et notamment ses rangées d'archers, à l'aide d'armes de jet qui les clouent sur place. Déjà, sur le flanc gauche de Guillaume, des cavaliers et fantassins bretons commencent à battre en retraite. Très vite, la rumeur se répand que le duc de Normandie en personne aurait perdu la vie, tué d'une flèche : panique chez les Normands ! Pour détromper ses propres hommes, Guillaume se voit contraint d'arracher son casque ; il se montre à tous en criant : « Je suis vivant ! Regardez-moi ! Je suis vivant et je serai vainqueur ! » Le courage renaît dans ses rangs… Les Anglais, du haut de leur colline, se défendent admirablement. C'est alors que Guillaume aurait eu l'idée de feindre la retraite. Voyant les Normands détaler devant eux et redescendre la pente, les Anglais se mettent à les poursuivre et, ce faisant, se dispersent en direction de la plaine. C'est exactement ce qu'attendait Guillaume : ses guerriers et ses archers, faisant alors volte-face, peuvent plus facilement atteindre l'ennemi. À deux reprises, la même tactique sera couronnée du même succès. Après quoi, le chef normand engage sa cavalerie à prendre les Saxons à revers, leur infligeant des pertes terribles.

À cette époque, le gros de l'armée anglaise – le *fyrd* – se compose de paysans réquisitionnés, doués d'une résistance à toute épreuve. Il n'empêche, la bataille tourne maintenant à l'avantage de Guillaume. Harold vient de recevoir une flèche – « une flèche perdue », si l'on en croit la chronique – et il gît dans le sang des siens, sur le champ de bataille. La tradition veut que l'on ait fait appel à son ancienne maîtresse pour identifier formellement le corps du malheureux…

La mort de Harold – et celle de ses deux frères – sonne le glas des prétentions anglo-saxonnes. Libre à Guillaume de faire main basse sur l'Angleterre – ce qui ne veut pas dire que les grands barons lui faciliteront la tâche ! Le moins que l'on puisse écrire est qu'ils ne se pressent pas pour venir lui rendre hommage. C'est avec l'aide de quelques centaines de chevaliers seulement que le nouveau roi va devoir s'assurer d'un pays trop vaste pour lui. Le duc de Normandie, devenu maître de l'Angleterre, doit réorganiser les territoires, partager les fiefs et faire accepter par les populations une domination nouvelle…

Une fois de plus, dans cette après-conquête, la double culture des Normands va faire merveille : d'un côté, ils n'hésitent pas à s'imposer par la terreur en écrasant la moindre poche de résistance, comme le faisaient leurs ancêtres vikings ; d'un autre côté, en administrateurs avisés, ils s'attacheront à doter l'Angleterre de structures de gouvernement modernes.

L'étoffe du héros

La fameuse « tapisserie de Bayeux » – en vérité, une broderie –, admirée chaque année par 200 000 visiteurs, constitue un témoignage unique sur Hastings et sur la conquête. Composée d'une cinquantaine de pièces de lin cousues ensemble, et formant une bande de 70 mètres de longueur sur environ 50 centimètres de largeur, elle utilise avec audace huit coloris de fils de laine – les pattes des chevaux sont par exemple de teintes différentes en fonction de la perspective. Selon l'historien de l'art Adrien Goetz, elle serait porteuse de multiples messages ; à la façon de la colonne Trajane – en marbre – et de la colonne Vendôme – en bronze –, la tapisserie aurait pu s'enrouler autour d'un cylindre de bois et présenter de la sorte tout un jeu de correspondances verticales. Quoi qu'il en soit, la *Telle du Conquest* se présente comme un ancêtre de la bande dessinée : on y suit les histoires croisées de Harold et de Guillaume – comme la transposition textile d'une chanson de geste.
Les chercheurs y trouvent une mine de renseignements : ses 626 personnages sont présentés avec leurs tenues, leurs armements, leur habitat, leurs navires – les fameux *langskips* hérités des Vikings –, leurs coutumes, etc.

La tapisserie possède de ce fait une incroyable valeur documentaire. Sa fabrication remonterait aux années 1080. On suppose qu'elle a été commanditée par le demi-frère de Guillaume, l'évêque Odon – mais certains pensent qu'elle fut offerte par un seigneur boulonnais, pour rappeler la participation décisive de Boulogne à l'expédition. Longtemps oublié, ou du moins négligé, le chef-d'œuvre sera redécouvert sous le Consulat et l'Empire, Napoléon s'en servant comme instrument de propagande à un moment où sont massées, à Boulogne, les troupes qu'il destine à envahir l'Angleterre...

Avec le soutien du pape

Encore Guillaume doit-il aller ceindre la couronne d'Édouard. À Londres, ce conseil de grands barons qu'on appelle le Witan vient de lui faire faux bond et d'élire au trône un certain Edgar. Le Normand va-t-il ainsi laisser bafouer son autorité ? Faisant irruption à Londres, il s'attache, tout au contraire, à reprendre en main la situation. C'est ici que le soutien du pape va se révéler d'une aide inestimable : en effet, non seulement Edgar ne trouve aucun évêque pour le couronner, mais les prêtres, dans leurs paroisses, reçoivent l'ordre de vanter les mérites du nouveau maître !

Guillaume, de son côté, sent bien qu'il est encore un peu tôt pour se faire couronner, mais il finit par se ranger aux avis contraires. Ainsi donc lui « le Bâtard », le simple duc de Normandie, va-t-il devenir roi d'Angleterre, l'un des plus puissants suzerains d'Occident.

Le sacre se déroule à Westminster, le jour de Noël 1066, sous les auspices du pape, dont la bannière sacrée continue d'accompagner partout Guillaume.

Au moment de couronner le nouveau roi, l'archevêque d'York demande rituellement à l'assistance, en français et en anglais, si elle accepte pour souverain le duc de Normandie. La foule acclame alors bruyamment Guillaume – mais au-dehors, les soldats à cheval, postés près de la basilique, se méprennent sur le sens de ces cris ; ils s'imaginent que l'on vient de tuer leur chef et prennent peur ! Alarmés, paniqués, ils se mettent en ordre de bataille et, suivant leur bonne habitude, boutent le feu aux maisons des environs. Dans l'abbatiale, la foule horrifiée s'égaille et le couronnement se termine dans un désordre de fin du monde ! Guillaume, quoique stoïque, tremble en fait de tout son corps au moment où le prélat lui pose sur la tête la couronne d'Angleterre.

Pour tous, ce sacre aura semblé de mauvais augure. Du reste, Guillaume le Conquérant n'est pas au bout de ses peines. Ces graves incidents sont le symbole d'un malentendu profond entre deux pays, deux langues, deux cultures qui n'ont pas grand-chose en commun.

La mort dans l'âme

Certes, la pression démographique, liée à la prospérité normande, a poussé Guillaume à étendre son domaine. Mais les terres conquises étaient loin d'être vierges et les Saxons considèrent d'emblée les Normands comme des occupants militaires. La belle synthèse qui, sur le sol de la basse Seine, s'était opérée pacifiquement et lentement, entre le sang normand et la culture latine, cette osmose est loin d'être accomplie entre l'envahisseur normand et la victime anglaise. Elle n'aura lieu que plus tard et donnera naissance, en son temps, à une culture riche et féconde – la fameuse culture anglo-normande des XIIe et XIIIe siècles, dont les Britanniques d'aujourd'hui sont si fiers.

En attendant, pour Guillaume, l'époque d'une vie stable et douce est révolue. Désormais, il lui faut voguer sans cesse d'une côte à l'autre de la Manche ; à peine a-t-il réglé les problèmes du Nord qu'il lui faut voler vers ceux du Sud… Loin de fusionner, Normandie et Angleterre restent bien deux pays différents, gérés par le même souverain. Il s'agit d'un des rares exemples dans l'Histoire où le chef suprême aura dû partager son temps entre deux États.

Or, le Conquérant vieillit. En 1083, sa douce et fidèle Mathilde, celle qu'il avait fait couronner à Westminster et avec laquelle il partageait son fardeau, rend son âme à Dieu ; elle le laisse seul, avec très peu de vrais amis. L'année précédente, son demi-frère Odon, l'évêque de Bayeux, a abusé du pouvoir illimité que Guillaume lui avait octroyé outre-Manche ; la mort dans l'âme, le roi avait dû le faire arrêter. Les difficultés naissent de partout : barons récalcitrants, révoltes multiples, manœuvres incessantes du roi de France, sans compter les trahisons de ses propres fils… En somme, si la conquête de l'Angleterre reste le plus bel exploit de Guillaume, elle aura aussi été sa pierre d'achoppement. À compter du 14 octobre 1066, tout ce qui lui avait réussi va lui filer entre les mains. À l'automne 1087, le duc-roi, devenu si puissant, si riche, si glorieux, finira par mourir seul, obèse, aux portes de Rouen. Ses funérailles seront à l'image du sanglant couronnement de Londres : perturbées. Si l'on en croit en effet le grand chroniqueur anglo-normand Orderic Vital, son corps aurait éclaté durant la cérémonie, troublant la foule par des exhalaisons méphitiques.

Le brassage des langues

La conquête a laissé des traces importantes dans la culture anglaise, à commencer par la langue écrite et parlée. Le normand est utilisé dans les couches supérieures de la société ; il évoluera au contact des dialectes anglo-saxons jusqu'à donner naissance à l'anglo-normand. Bien des termes de cuisine ont été importés par les Normands. Par exemple : MUTTON, qui désigne la viande de mouton (*sheep* en anglais), PORK, la viande de porc (*pig*), GRAPE, le raisin, etc. Dans la maison, CHAMBER doit tout à *chambre*, CHAIR à *chaire*, CURTAIN à *courtine*... Autre domaine majeur d'importation, ce qui regarde la politique et les matières régaliennes : CROWN pour *couronne*, PARLIAMENT pour *parlement*, CUSTOM pour *coutume*. Et CARDINAL, PRISON, FRANCHISE... Certains termes anglais sont par ailleurs hérités de mots normands tombés en désuétude. Ainsi, SUMMON (« convoquer ») vient de *semondre*, PURCHASE (« acheter »), de PROCHACIER, etc. De façon générale, c'est tout le vocabulaire commercial, juridique, artistique de l'Angleterre qui s'est trouvé ainsi enrichi, comme le raconte l'ouvrage d'Henriette Walter : *Honni soit qui mal y pense : l'incroyable histoire d'amour entre le français et l'anglais* (Robert Laffont, 2001).

2

Étienne Marcel. 1358, Paris s'éveille

Le premier de la longue série des soulèvements parisiens prétend entraîner le royaume, en plein cœur du XIVe siècle, dans une révolution. Rien de moins. À sa tête, un prévôt des marchands bien décidé à incarner la fronde contre la royauté.

La nouvelle a bouleversé les Français : en ce mois de septembre 1356, le roi Jean, le Bon Valois, s'est incliné devant les Anglais à la bataille de Nouaillé-Maupertuis, près de Poitiers. Pis encore : il est leur prisonnier ! Tandis qu'on l'emmène, captif, jusqu'à Londres, le poids de sa couronne échoit à son fils aîné, Charles, promu lieutenant général du royaume. Le dauphin de France – il est le premier à porter ce titre – n'a pas 20 ans ; isolé, démuni, privé de ressources dans une période de pénurie, que pourra bien décider un si jeune prince ? S'inspirant de la décision prise l'an précédent par son père, il commence par convoquer les états généraux et reçoit les députés des trois ordres à Paris dès le 17 octobre.

Début d'une crise de régime. Les états commencent par subordonner l'octroi de tout nouvel impôt à l'établissement d'une charte, qui n'est pas sans rappeler, dans son principe, la *Magna Carta* (« Grande Charte ») imposée par les barons d'Angleterre à leur roi en 1215. Les députés refusent du reste d'en discuter avec les émissaires choisis par le dauphin. Ils exigent par ailleurs, en échange de l'armement de 30 000 hommes, le renvoi d'une kyrielle de conseillers royaux, et vont jusqu'à réclamer la libération de leur soutien naturel : Charles de Navarre, dit Charles le Mauvais, gendre de Jean le Bon, enfermé naguère par celui-ci pour intelligence avec les Anglais !

Le jeune dauphin, fort habile en dépit de son inexpérience, se garde bien de protester contre des atteintes aussi criantes à son autorité naissante. Il se montre évasif pour mieux ajourner sa réponse. En vérité, pour trouver de quoi survivre, il aura plutôt recours à la dévaluation monétaire ; mais, conscient de l'extrême impopularité d'une telle mesure, Charles a pris soin de quitter Paris quelques jours avant son annonce à la population. Il a trouvé refuge à Metz, chez l'empereur, dont la souveraineté s'étend alors aux Trois-Évêchés – Metz sera terre d'Empire jusqu'au traité de Münster (1648).

Les personnages clés

Jean II le Bon. Politique et tacticien quelconque, le roi de France gouverne mal un royaume désorganisé par la Peste noire. Il se dit – à raison – entouré de traîtres.
Le roi de Navarre compte parmi ces intrigants. Ambitieux et retors, Charles « le Mauvais », arrière-petit-fils de Philippe le Bel, revendique la couronne. L'assassinat de Charles d'Espagne, favori de Jean II, le 8 janvier 1354, marque son entrée en politique. Et son rapprochement avec Édouard III provoque son arrestation le 5 avril 1356.
Le Prince Noir. Après avoir ravagé le Languedoc et l'Auvergne, le prince de Galles, fils d'Édouard III, ferraille contre Jean le Bon, à Poitiers, le 19 septembre 1356 – pour une « déconfiture » de la chevalerie française, à l'issue de laquelle Jean II est capturé. Une trêve est signée, qui n'empêche pas les mercenaires anglais de continuer la guerre pour leur propre compte.
Charles. À 18 ans, le dauphin prend la direction du royaume. Inexpérimenté, discrédité par la piteuse défaite et l'incompétence présumée de la Cour, l'héritier est la cible d'une vive opposition, notamment de la bourgeoisie parisienne, que veut incarner **Étienne Marcel**. Celui-ci, qui gouverne la capitale, entend profiter de la captivité du souverain pour imposer ses idées « réformistes » et appelle, à cette fin, les « bonnes gens » de Paris à le suivre.

L'Europe entière est sidérée

À Paris, le peuple, mais aussi les bourgeois, petits et surtout grands, s'étranglent de rage. Le prévôt des marchands va jusqu'à défendre aux corporations d'accepter la monnaie dévaluée. Qui est ce prévôt ? Le haut personnage chargé de la police et de la justice entre marchands, des règlements civils de la capitale, de la circulation fluviale à l'intérieur de ses murs, etc. – un élu des corporations, en somme, qui se regarde comme le défenseur des intérêts privés et fait figure d'ancêtre des maires de Paris. Son nom ? Étienne Marcel. Un riche marchand drapier d'une petite cinquantaine d'années, allié aux milieux de finance et très remonté contre la royauté et ses décisions arbitraires.

Le premier débat contradictoire de l'histoire de France

Le prévôt Marcel sait bien qu'il peut compter, dans le bras de fer qui se dessine avec des Capétiens affaiblis, sur le soutien énergique, éloquent même, de Robert Le Coq, l'évêque de Laon – un ambitieux qui, dans l'ombre, intrigue au profit de Charles le Mauvais… Ce sont ces deux hommes d'influence et d'expérience que va devoir affronter le jeune dauphin lorsqu'il rentre à Paris. Le 14 janvier 1357, la révolution couve.

Comme préalable à toute entente, Étienne Marcel réclame des réponses écrites de Charles sur le renvoi de ses conseillers et sur l'annulation du titrage monétaire dévalué. Il exige aussi la convocation, pour février, de nouveaux états, qui, siégeant avec passion, adresseront à la Couronne une soixantaine de requêtes ! Dès lors, la question se pose : une monarchie constitutionnelle serait-elle en train de se faire jour dans la France médiévale ?

À la lumière des événements, on serait en droit de le penser : le 3 mars, une grande ordonnance de 61 articles est ainsi concédée par le dauphin Charles, texte inouï, sidérant l'Europe entière, consacrant la souveraineté des états généraux – et fort peu admissible pour le roi prisonnier, qui se tient informé depuis sa geôle anglaise. Sa réaction ne se fait d'ailleurs pas attendre : mettant les contribuables dans son camp, Jean adresse à ses sujets une lettre fameuse par laquelle il s'oppose à toute nouvelle levée d'impôts ; il en profite pour frapper de nullité la grande ordonnance et interdire toute nouvelle réunion des états généraux.

La sédition pourrait s'arrêter là, mais ce serait mal connaître Étienne Marcel et Robert Le Coq, et sous-estimer leur détermination. Entrant ouvertement en désobéissance, le prévôt et l'évêque convoquent les états – on n'ose écrire l'Assemblée – pour le 30 avril. Paris entre donc en révolution. Comme toujours en ces moments sensibles, tout va dépendre de l'attitude de la population. Que les Français suivent Marcel en masse, et c'en sera fini de la dynastie des Valois, voire de la monarchie capétienne. Que certains, nombreux, hésitent, et le dauphin aura encore quelques coups à tenter… Or, en 1357, c'est de ce côté-ci – celui de la loyauté au pouvoir royal – que va plutôt pencher le fléau de la balance.

Les trois ordres convoqués aux états généraux sont loin d'être prêts à s'entendre. La noblesse fait la sourde oreille aux incessants appels de l'évêque de Laon ; le clergé vient de bénir la lettre qui l'exonère de tout paiement d'impôt au roi Jean ; quant au tiers état, il est divisé entre une courte majorité d'éléments insurgés et une forte minorité de sujets loyaux. C'est alors qu'avec un opportunisme étonnant, laissant deviner le grand roi qu'il s'apprête à devenir, le dauphin Charles saisit sa chance et reprend en main les rênes de l'État. Ainsi, les fantasmes de prise du pouvoir nourris par certains n'auront été qu'un feu de paille… Pour le moment, du moins.

Très vite, le jeune prince doit prendre de nouveau ses distances avec la capitale ; mais quand il y reviendra – car Paris demeure bel et bien le centre de gravité de son royaume –, ce sera pour constater un désordre général. Nouvelle inquiétante : on apprend à la Cour que Charles le Mauvais, bénéficiant de hautes complicités, est parvenu à s'enfuir de sa prison d'Arleux. Le prince rebelle fera sans tarder une entrée tapageuse dans Paris, porté en triomphe par la population et soutenu par des troupes nombreuses et entraînées, occupées bientôt, aux côtés des Anglais, à ravager la Normandie !

C'est alors que le dauphin, réagissant d'une manière stupéfiante pour le XIVe siècle, choisit de prendre part en personne au débat public. Après tout, Robert Le Coq a souvent pris la parole devant les Parisiens ; l'auguste fils et héritier du roi de France ne se considère pas en reste. Il va se jeter dans la mêlée à son tour ; Charles vient donc aux Halles haranguer la foule – non sans talent d'ailleurs, et même, à en croire la chronique, avec assez de feu et d'ardeur. Le lendemain, Étienne Marcel lui répond à la même tribune. Peut-on parler du premier débat contradictoire de l'histoire de France ? Probablement.

22 février 1358. Après qu'une maladresse de la justice royale a mis le feu aux poudres, Paris, une fois de plus, se soulève contre le Valois. La foule, conduite par Étienne Marcel, s'est frayé un chemin vers l'intérieur du palais de la Cité, jusqu'au dauphin Charles en personne. Les maréchaux de Champagne et de Normandie, Jean de Conflans et Robert de Clermont, sont occis sous ses yeux pour avoir prétendu le protéger ! Et dans un geste que certains veulent imaginer protecteur, mais qui demeure bien humiliant pour le détenteur légitime – même par délégation – d'un pouvoir de droit divin, le prévôt Étienne Marcel prie le prince fébrile, exsangue, de se coiffer « pour sa sauvegarde » d'un chaperon aux couleurs de la capitale insurgée. Où l'on ne peut s'empêcher de songer au bonnet phrygien revêtu par Louis XVI, un certain 20 juin 1792…

La Grande Charte

Un autre souverain, d'outre-Manche celui-là, a vu son autorité contestée, dès le début du XIIIe siècle : le 15 juin 1215, sous la pression de ses barons, le honni Jean sans Terre est contraint de signer la Grande Charte. Pour la première fois, des limites sont posées au pouvoir royal, qui protègent l'individu – telle la clause 39, qui garantit à tout accusé un procès par un jury citoyen, ancêtre de l'*Habeas corpus*, pilier du droit anglo-saxon. Pragmatique, dicté par l'intérêt de la noblesse, lassée de financer des guerres perdues, le document n'en reste pas moins un des textes fondateurs des démocraties modernes.

Des alliances discutables

Contrairement à son lointain successeur, le dauphin parvient cependant à se faufiler hors de la capitale le 27 mars et à gagner Sens, puis, de là, la Champagne. C'est après son départ que s'organise, sous l'impulsion d'Étienne Marcel, cette « commune de Paris » qui entend en découdre avec la royauté. Certains termes, certains précédents sont chargés de puissants échos... Réquisitions, confiscations, levées de recrues mettent Paris en émoi.

Faisant feu de tout bois, Marcel prend en avril la décision de s'allier avec des paysans insurgés du nord du royaume, les Jacques, eux-mêmes placés sous la houlette d'un chef, Guillaume Karle. Il fait appeler aussi Charles le Mauvais au secours de Paris, va jusqu'à prendre langue avec les Anglais et assume si bien tous ces choix qu'au sein même de son camp nombreux sont ceux qui commencent à douter du bien-fondé de son action. Ironie de l'Histoire : le Navarrais va se retourner contre les Jacques et entrer dans Paris en défenseur de l'ordre. Se voyant déjà roi de France, il ne pouvait tout de même asseoir un règne à naître sur le désordre des provinces...

À la tête de 30 000 hommes, le dauphin Charles se présente alors à l'assaut de sa capitale insurgée. C'est l'acte de majesté qu'attendait la majorité silencieuse des Parisiens. N'écoutant soudain plus les harangues ni les exhortations d'Étienne Marcel, la population se met à persécuter spontanément les Anglais venus renforcer la commune. Après le flux, le reflux... Le 31 juillet 1358, le prévôt lui-même est pris en chasse par tout un groupe de boutiquiers et d'ouvriers qui, armés de fortune, l'attaquent à la bastille Saint-Antoine, dans le fond du réduit où il s'était réfugié. Il en est arraché, se trouve livré à la foule, molesté, puis lynché sur la place.

De mauvais augure

Ainsi périt le premier en date de la longue liste des révolutionnaires parisiens. Michelet saluera en lui le représentant d'une bourgeoisie parisienne lestée par les campagnes : « Étienne Marcel ne peut tenir finalement contre l'opposition des autres bourgeoisies, des bourgeoisies provinciales serrées autour du dauphin, l'épaulant, le soutenant, le poussant jusque dans Paris où il rentre en vainqueur. Étienne Marcel est tué. Tout rentre dans l'ordre. Tout se tait et s'assoupit. Un grand voile de silence s'établit. » Le triomphal retour en sa capitale du dauphin – titré maintenant régent – le 2 août, les quelques procès et condamnations qui l'accompagnent, surtout la clémence de Charles envers ceux qui, la veille encore, défiaient sa souveraineté, tout cela appartient à la légende des Valois... C'est déjà presque le règne de Charles V qui s'ouvre. Mais ces fameuses scènes royales, complaisamment peintes et dépeintes, semblent bien impuissantes à faire oublier que, de façon durable et déterminée, l'autorité de la Couronne a été défiée en France. Bafouée même. Insultée à maintes reprises. Et ce, dès 1358, au cœur même de la capitale des Capétiens, et avec l'assentiment et l'enthousiasme de quelques-uns des esprits les plus libres du temps.

L'hommage naturel de la IIIe République

La république parlementaire naissante fera réaliser, en 1882, la statue équestre d'Étienne Marcel par les sculpteurs toulousains Idrac et Marqueste. S'inspirant des condottieres de la Renaissance, elle trône toujours devant l'hôtel de ville de Paris. Elle donne à voir un prévôt des marchands imposant, fier et conquérant, paré des attributs d'un pouvoir qui se veut profondément légitime.

3

17 JUILLET 1453. LA BATAILLE DE CASTILLON

Un temps reconquise, la Guyenne est de nouveau occupée par les Anglais. Une présence intolérable à Charles VII, qui engage ses forces dans l'ultime affrontement de la guerre de Cent Ans. Une bataille charnière entre le Moyen Âge finissant et la Renaissance en devenir.

Dans l'inconscient collectif, la grande victoire du règne de Charles VII – hormis Patay et l'épopée de Jeanne d'Arc – s'est déroulée en Normandie, aux portes de Bayeux. À Formigny, précisément. Le 15 avril 1450, l'ost de France, conduite – ou conduit, l'usage hésite – par le comte de Clermont, y a battu des Anglais surpris par l'irruption inopinée, sur le champ de bataille, de Bretons menés par Richemont. Or, dans la foulée de Formigny, c'est toute la vallée de la basse Seine qui est rentrée bien gentiment dans le giron du roi Charles.

Pourquoi, après un tel succès, s'arrêter en si bon chemin ? Charles VII ne peut accepter que la Guyenne, conquise par les Plantagenêts deux siècles plus tôt, demeure possession du roi d'Angleterre. Envoyé la reconquérir, le comte de Penthièvre entre dans Bordeaux au printemps 1451 ; il impose aux Gascons anglophiles un inflexible traité. Au nom du roi de France, un nouveau « maire perpétuel », Jean Bureau, trésorier général de France, met la ville en coupe réglée, avec l'aide de son frère, Gaspard, grand maître de l'artillerie. Mauvaise politique, grosse de soulèvements à venir... Mais dans l'esprit des Français, c'en est du moins fini de la guerre ; l'Anglais, finalement « bouté hors du royaume », a fait place nette. Voire... On ne raye pas d'un trait de plume trois siècles et plus de relations suivies et d'habitudes. Nostalgiques de leur autonomie, les négociants bordelais ne tolèrent pas les restrictions mises par le roi de France à leurs droits communaux. Ils regimbent, ils conspirent et dépêchent même en Angleterre une délégation chargée de supplier Henri VI de leur venir en aide. Sa Gracieuse Majesté ne peut décemment pas abandonner sa chère Guyenne... Le Lancastre soupire ; une telle demande ne pouvait plus mal tomber : n'est-il pas lui-même empêtré, en Angleterre, dans un sombre conflit dynastique, la guerre des Deux-Roses ? Il n'empêche, le cas est trop important pour qu'on le néglige : c'est entendu, 3 000 hommes seront envoyés sur le continent, sous les ordres de John Talbot, premier comte de Shrewsbury.

Talbot, surnommé « l'Achille anglais », est un chef de guerre octogénaire certes auréolé de ses hauts faits – même s'il fut largement défait à Patay face à Jeanne d'Arc –, mais depuis trop longtemps blanchi sous le harnais. L'homme qui jadis a galvanisé des armées entières est-il encore de santé à s'opposer à des Français ragaillardis par leurs victoires et certains de leur bon droit ? Car ces derniers – alliés à ces Bretons qui avaient décidé de la victoire de Formigny – n'ont pas l'intention de voir les Anglais reprendre pied en Aquitaine. Pourtant, c'est sans coup férir que le vieux guerrier et son corps expéditionnaire reprennent le contrôle de Bordeaux. Débarqué le 20 octobre 1452, le « bon rey Talabot » – le bon roi Talbot – reçoit des Bordelais un accueil triomphal, tant du peuple que des seigneurs locaux. Avec les Gascons ralliés, il se trouve à présent à la tête d'une armée assez considérable – plusieurs milliers de soldats –, grossie bientôt d'un second renfort de 2 000 hommes, arrivés d'Angleterre sous la conduite du seigneur de L'Isle, le propre fils de Talbot.

Une page qui se tourne

Le 29 mai 1453, soit quelques semaines seulement avant la bataille de Castillon, s'est produit un des événements les plus importants de l'Histoire : la prise de Constantinople, capitale de l'Empire byzantin, par les Turcs de Mehmed II. Les historiens du XIXe siècle ont pris l'habitude de dater de cette chute de la seconde Rome la fin du Moyen Âge. Ainsi, l'affrontement armé mettant fin à la guerre de Cent Ans a eu lieu juste au lendemain de cet épisode déterminant qui marque la fin d'une période historique de mille ans. Ce qui autorise à la regarder, symboliquement, comme la première grande bataille de la Renaissance...

Foncer ou ne pas foncer…

Comment s'étonner, dans ces conditions, que Bordeaux soit devenue l'obsession du roi de France – à tout le moins son horizon ? Dès les beaux jours de 1453, un corps d'armée, fort de 9 000 hommes au bas mot, descend la vallée de la Dordogne. À sa tête, notamment, les maréchaux de Lohéac et de Culant, mais aussi le célèbre Dunois, le « Bâtard d'Orléans », oncle du roi par la main gauche et ancien compagnon de Jeanne d'Arc… Sans oublier, forcément, les frères Bureau. Plutôt que de marcher bride abattue sur Bordeaux, ces stratèges préfèrent établir leur camp en amont, à l'est de Castillon. Le gros des troupes occupera une position retranchée entre les deux cours d'eau : la Dordogne, au sud, et l'un de ses petits affluents tout sinueux, la Lidoire ; le camp est édifié en surplomb d'un gué nommé pas de Rauzan. Un détachement occupera aussi, au nord de Castillon, le prieuré de Saint-Florent, tandis que la cavalerie bretonne protégera le camp français dans sa partie septentrionale. Tous ces soldats servant les Lys, bien équipés, bien commandés, se préparent à ce qu'ils perçoivent comme un affrontement décisif. Dans la ville, on s'apprête à tenir un siège. John Talbot a fait renforcer les murs, serrer les vivres, fourbir les armes… Mais son entourage lui conseille de prendre les devants et de fondre sur les Français avant qu'ils n'aient eu le temps de rassembler toutes leurs forces. Faut-il croire ceux qui affirment qu'en poussant ainsi à l'attaque les seigneurs gascons voulaient avant tout sauver leurs vendanges ? Le fait est que les boutefeux accourent de tous les environs, agitant maints exemples de la brutalité française et adjurant le chef anglais d'intervenir sans tarder. À commencer par les Castillonnais, qui réclament du secours à cor et à cri et supplient « Sa Seigneurie » d'ordonner au plus vite une sortie.

Le feu aux poudres

La bataille de Castillon est une des premières, en France, où l'artillerie à poudre ait joué un rôle majeur. Employée çà et là depuis un bon siècle, elle n'avait encore jamais fait l'objet d'un usage à ce point systématique. Il est vrai que les conseillers de Charles VII, dont les frères Bureau, ont beaucoup insisté pour doter l'armée royale de canons mobiles, montés sur roues. Avec des calibres variant de 2 à 64 livres, cette artillerie se répartit entre pièces légères (fauconneaux, couleuvrines, haquebutes – de petits canons à main) et pièces lourdes (canons, bombardes et ribaudequins) – pour ne rien dire des grandes machines de jet.

Coup pour coup... au début

Trop bon cœur, trop grand âge ? Toujours est-il que Talbot ne sait pas résister à tant de supplications. Et qu'il finit, le 16 juillet, par y céder. Il conduit donc Anglais et Gascons hors les murs et leur fait remonter les bords de la Dordogne jusqu'à Libourne, où tout le monde fait halte pour la nuit. Certains prétendront que, dans les chais locaux, bien des barriques furent mises en perce… Sobres ou non, les fantassins devancent en tout cas l'artillerie : bombardes et bouches à feu sont encore loin derrière lorsque, à l'aube du 17, piétons et cavaliers reprennent la route de Castillon – dans la boue, dans la glaise gorgée d'eau, car des pluies sans fin ont détrempé le pays. Alertées de l'avance des Bordelais, les troupes du roi de France se sont mobilisées ; bien à l'abri dans leur retranchement, elles se préparent au combat. Leurs pièces d'artillerie sont installées de sorte qu'elles rendront le fossé du camp difficile à franchir. En face, Talbot demeure méfiant. Mais, une fois de plus, des interventions extérieures vont avoir raison de sa prudence native. Apprenant de ses informateurs que les Français seraient en train de lever le camp, il prend le parti d'attaquer sans plus tarder et de prendre en chasse les fuyards. Anglais et Gascons, épuisés, en désordre, sont donc sommés de se remettre en marche. Plus tard, l'historiographe Jean Chartier décrira la stupéfaction du chef anglais, découvrant, contre toute attente, des artilleurs campés derrière leurs solides défenses : « Talbot fut fort ébahi quand, de ses yeux, il vit les belles fortifications qu'avaient faites les Français. Cependant, Talbot et sa compagnie arrivèrent droit à la barrière, croyant forcer d'emblée l'entrée du parc. Alors commença grand et terrible assaut, où se passèrent de grandes vaillances de part et d'autre ; où il fut merveilleusement combattu, main à main, à coups de hache, de guisarme, de lance et de traits, moult vaillamment. Ce chaplis [ce combat] dura l'espace d'une grosse heure ; car les Anglais y revenaient toujours avec grande ardeur, et aussi les Français ne s'épargnaient pas à bien les recevoir. »

L'objectivité oblige à préciser que nous ne possédons, de ces événements, aucun récit provenant de témoins oculaires. Une chose est certaine cependant : les artilleurs français mettent la mêlée à profit pour ajuster leurs canons et les placer en ordre de tir ; attaqués presque à bout portant, les Anglais assaillants seront bientôt dévastés par la canonnade. Les dragons du roi Charles crachent leurs flammes tous en même temps, dans une seule direction… Pour les Anglo-Gascons, c'est la défaite assurée ; leur cavalerie est foudroyée à même enseigne que la piétaille ; les cavaliers doivent mettre pied à terre et venir combattre au corps à corps. C'est alors que les Bretons, cantonnés par-delà le lit de la Lidoire, surgissent à leur tour et viennent prêter main-forte aux Français. Plus rien ne résiste. Anglais, Gascons, assaillis de tous côtés, cherchent à fuir, sont rattrapés ; certains iront se noyer dans la Dordogne.

Le vieux Talbot lui-même voit son cheval tué sous lui d'un boulet de couleuvrine qui lui brise le fémur ; des Français l'achèveront à la hache, sans l'avoir reconnu : en effet, en 1450, il avait été capturé et n'avait recouvré la liberté qu'en échange du serment fait à Charles VII de ne jamais porter les armes contre lui – aussi n'avait-il à Castillon ni armure, ni arme, ni bannière… « Ainsi finit ce fameux et redouté chef anglais, écrira Jean Chartier, qui passait depuis si longtemps pour l'un des fléaux les plus formidables et un des plus jurés ennemis de la France. » Deux de ses fils seront aussi tués, dont le baron de L'Isle, et plusieurs de ses compagnons d'armes. Au final, ce sont près de 4 000 Anglais et Gascons qui auront été mis hors d'état de combattre à Castillon – dont sans doute plus de 300 passés de vie à trépas – contre une centaine de tués et de blessés seulement côté Français, à ce que l'on croit savoir. La victoire des Français et de leurs alliés bretons se révèle donc complète ; leurs troupes entreront dans le bourg trois jours plus tard, en attendant de menacer Bordeaux et de s'en faire ouvrir les portes à la mi-octobre. La ville est punie. Franchises et privilèges lui sont retirés, et les liens de commerce si florissants qu'elle avait su nouer avec l'Angleterre sont coupés. Bientôt, on verra s'ériger à son pourtour de puissantes forteresses, moins destinées à la défendre, sans doute, qu'à l'intimider : fort Louis au sud, fort du Hâ vers l'ouest et, du côté de la Garonne, château Trompette. Il faudra de la patience aux Bordelais, qui devront attendre le règne de Louis XI pour que leur soient rendus leur parlement et leurs libertés.

Plus largement, c'en est fini de la Guyenne anglaise – au moins sur le papier. Car, à la vérité, dans le secret des consciences, les gens du cru ne cesseront jamais vraiment de rêver d'Angleterre… Et, si l'on en croit les plus nostalgiques, il semble même que la figure du « bon roi Talbot » fasse toujours l'objet, le 17 juillet venu, de commémorations discrètes, certes, mais d'autant plus fidèles[1].

1. Depuis 1977, des centaines de comédiens, figurants et cavaliers se mobilisent pour faire revivre chaque été, au pied du château de Castegens, la bataille de Castillon dans ses tenants et ses aboutissants. Conçu, scénographié et mis en scène par Éric Le Collen, avec le concours scientifique de l'historienne Anne-Marie Cocula, le spectacle est une occasion rêvée de présenter au grand public, au-delà de la bataille elle-même, la vie quotidienne en Aquitaine au XVe siècle : moines, artisans, guerriers ou arracheurs de dents s'y partagent la vedette. Quelque 570 comédiens et figurants, tous bénévoles, avec une cinquantaine de cavaliers, concourent à l'enthousiasme de milliers de spectateurs, le temps d'une douzaine de représentations annuelles.

4

Larmes de sang sur le dernier tournoi royal

Les accidents, célèbres ou obscurs, sont presque toujours le fruit d'une invraisemblable cascade de circonstances. Ainsi de la catastrophe qui, le 30 juin 1559, devait coûter la vie au roi Henri II, moins connu du public que sa favorite, Diane de Poitiers. Allait s'achever un règne de douze ans, marqué à l'extérieur par le repli de la France en Italie, à l'intérieur par la montée des tensions avec les protestants.

Gabriel de Lorges, comte de Montgommery, s'est tôt levé, ce jeudi 30 juin 1559. Il faut dire que c'est jour de fête et que le jeune homme – il est âgé de 29 ans – est au nombre des chevaliers qui, dès 9 heures du matin, devront jouter contre de prestigieux tenants : le dauphin, le prince de Ferrare, les ducs de Nemours, de Lorraine et de Guise, ainsi que le roi lui-même,

Henri II. Gabriel est lieutenant des cent archers de la garde écossaise. Entièrement dévoué à son roi, il a eu récemment l'occasion de témoigner de son obéissance : c'est lui qui, à l'issue d'une séance houleuse au parlement de Paris, a eu l'honneur redoutable d'arrêter en pleine cour le conseiller Anne du Bourg, calviniste notoire. Le lieutenant n'a pas cillé, même s'il nourrissait déjà, en son for intérieur, un penchant naissant pour la Réforme.

La lice du grand tournoi est édifiée en plein Marais, le long de l'hôtel royal des Tournelles, où réside la Cour. Montgommery s'y rend donc sans peine. La rue Saint-Antoine, vaste et aérée, a été dépavée, jonchée de sable entre la rue Saint-Paul et l'entrée de la Bastille, et fichée de tentures, d'estrades luxueuses ainsi que de brillantes tribunes ; on a même, comme dix ans plus tôt lors de l'entrée du nouveau roi dans Paris (le 16 juin 1549), édifié un arc de triomphe du côté de la forteresse ! Partout flamboient les armes d'Espagne et de Savoie, mêlées à celles de France.

Et pour cause : ces réjouissances sont données à l'occasion de deux mariages princiers. Oui, Henri unit et sa fille, Élisabeth, au roi d'Espagne Philippe II, et sa sœur, Marguerite, au duc de Savoie Emmanuel-Philibert ! Le premier de ces mariages a déjà eu lieu par procuration, l'envoyé du souverain castillan ayant glissé, dans un lit de parade, sa jambe dénudée le long de celle de la jeune épouse. Étrange coutume à l'issue de laquelle l'union a pu être réputée « consommée ».

Faut-il le préciser ? Comme souvent, ces deux mariages d'État scellent un acte politique ; en l'occurrence, le traité du Cateau-Cambrésis (le 3 avril 1559), sinistre conséquence de la défaite française de Saint-Quentin deux ans plus tôt. Cet accord désastreux prive le royaume de la Savoie, du Piémont, du Charolais, de la Bresse et du Bugey ; il met un terme définitif aux ambitions italiennes de la maison de France. C'est peu dire, dès lors, que le peuple soupire et maugrée ; la Couronne est plus impopulaire que jamais. Et si couvait une révolte, sur fond de défis à l'autorité royale et d'intense crise religieuse ?

Un spectacle poussif

Chaque fois qu'il subit mauvaise fortune, Henri II tend à se réfugier dans ses rêves de chevalerie, anachroniques, sans doute, mais qui, depuis l'enfance, peuplent son imaginaire. Les Parisiens chicanent ? Alors, pourquoi ne pas leur offrir un beau tournoi ? C'est ainsi que, le 22 mai, il a cru bon de lancer « à tout venant » un cartel de défi pour « inciter les jeunes à vertu ». Au fond, le roi sent qu'il vieillit ; peut-être se dit-il que ce grand tournoi sera pour lui le dernier – une occasion suprême de prouver à la Cour et à la Ville, aux dames d'abord, ensuite aux jeunes seigneurs de France et d'ailleurs, que sa robuste prestance n'est nullement entamée par les difficultés de l'heure.

La chaleur écrasante qui, vers midi, s'abat sur la lice des Tournelles rend cependant le spectacle poussif. Gabriel de Montgommery s'est efforcé, parmi d'autres, de rompre des lances au sein d'une poussière aveuglante… La *Chanson de Montgommery*, écrite plus tard, vantera les qualités du jeune chevalier : « Adroit de corps et membres,/ Bien jouer je savois/ De lances et longs bois,/ Piques et hallebardes./ Aux joutes et tournois/ L'on me tenait pour choix/ Capitaine des gardes. »

Sa superbe monture et les plumes pourpres, généreuses, au cimier de son casque complètent le tableau, et lui valent la faveur des tribunes. De tous les jeunes assaillants qui, sous le soleil de plomb, viennent défier les tenants du tournoi, sans conteste Gabriel est le plus hardi, le plus habile…

Sous le grand dais royal ont pris place, notamment, la reine Catherine et sa belle-fille la jeune et arrogante Marie Stuart, par ailleurs reine d'Écosse. Les toisant muettement l'une et l'autre se remarque aussi bien la duchesse de Valentinois, favorite du roi – que nous avons pris l'habitude d'appeler Diane de Poitiers. Toujours en deuil de son défunt mari, elle arbore une tenue faussement simple, blanche et noire, et fait tout pour ne point paraître ses 60 ans… La reine, qui est sa cousine et lui doit beaucoup, la tolère à grand-peine ; mais au vrai, en ce brûlant après-midi d'été, Catherine a d'autres préoccupations. Ses mages, ses astrologues, toute cette cour occulte dont elle s'entoure et se nourrit, n'ont cessé de prédire qu'il arriverait malheur à son époux à l'occasion d'un tournoi. Aussi la malheureuse se fait-elle bien du souci pour Henri ; à ses yeux, les joutes en cours relèvent du supplice. *Mais quelle chaleur, grands dieux ! Allons, qu'on en finisse et que s'achèvent ces assauts d'un autre âge ! Si seulement le roi pouvait passer son tour…*

Le voici justement, ce roi vieillissant, amoureux de la lice. Il porte beau, malgré tout, dans son armure dorée et ses atours de sable et d'argent – autrement dit le noir et le blanc, « couleurs » de Diane… Déjà l'on s'active à lui mettre « l'armet en tête ». Son premier assaillant est le duc de Savoie, son futur beau-frère. D'un peu loin, Henri l'apostrophe : « Serrez bien les genoux, lui lance-t-il en riant, car je vous veux bien ébranler sans respect de l'alliance ni de la fraternité ! » Les deux jouteurs, aidés par des écuyers, se hissent déjà sur leurs lourdes montures. Les trompettes sonnent haut et clair, et c'est bientôt l'assaut. Fougueux. Martellement des sabots, choc des lances qui se brisent sur les écus… Savoie vacille, il manque de tomber et doit, pour demeurer en selle, se cramponner sans grâce à l'arçon. Henri l'a emporté. Logiquement. Royalement. Dans les tribunes, Diane, toujours hiératique, a daigné applaudir. La reine, quant à elle, rouvre les yeux. Elle soupire, s'évente… *Mais enfin, quelle chaleur !* Catherine aimerait tant que son royal époux ait la sagesse de ne pas insister ! A-t-elle compris que, dans l'esprit d'Henri, ce tournoi est sans doute le dernier auquel il prendra part ? Pourrait-elle admettre que, pour lui, le plaisir de jouter encore l'emporte sur tous les oracles, sur toutes les prophéties de malheur ?

Jamais deux sans trois

Il n'empêche : la torpeur qui règne aux Tournelles et la touffeur ambiante sous le soleil ardent contribuent à déplacer subtilement les repères. Bien des spectateurs ont le sentiment d'être entrés dans une sorte de rêve… Et l'enchaînement funeste qui doit conduire au pire est désormais enclenché. Le roi joute à présent contre le duc de Guise. Un géant. Le choc est brutal, davantage peut-être que le précédent, mais cette fois, il n'y aura pas de vainqueur. Admettons… Le roi, avisant le duc de Savoie, installé à présent au bord de la tribune, le remercie de la monture qu'il lui a prêtée, et qui se révèle, dit-il, d'une « joyeuse ardeur ». Sait-il seulement que le cheval en question porte le nom de « Malheureux » ? Savoie se déclare bien aise, et profite de l'occasion pour dissuader le souverain d'entreprendre une troisième joute. Peine perdue.

Henri ne saurait sortir de lice sur un semi-échec. Il lui faut absolument une victoire éclatante, bien nette, et qui permette au roi de France de quitter le tournoi – de quitter les tournois… – par la grande porte. C'est sans doute la raison pour laquelle il va jeter son dévolu sur un jeune venant des plus hardis, des plus habiles. Henri II désigne le capitaine de sa garde écossaise, ce jeune comte de Montgommery que la foule a paru soutenir tantôt.

Comment Gabriel reçoit-il le choix du roi ? Personne ne saurait le dire assurément ; mais il est probable que, passé la fierté d'avoir été désigné, le chevalier mesure sa responsabilité. Est-il vrai d'ailleurs que son propre père, Jacques de Lorges, aurait été ce courtisan inconscient qui, lors d'une bataille de boules de neige à Romorantin, en janvier 1521, était allé jusqu'à jeter sur François Ier, père du roi Henri, un tison ardent qui avait bien failli le tuer ? C'est ce que prétend la légende… Si cette légende disait vrai, il serait difficile de croire que Gabriel, au moment de jouter, n'ait pas saisi l'ironie de la situation.

Le son strident des trompettes retentit : les chevaliers poussent leurs montures. Les lances se rompent et volent en éclats. Gabriel a menacé le roi qui – tout le monde l'a bien vu – a « branlé sur sa selle et quasi quitté ses étriers »… Henri est vexé. Et c'est probablement cette petite blessure d'amour-propre qui va faire basculer l'Histoire !

Le roi, en effet, exige de rompre une seconde lance avec le sieur de Lorges. Le public, harassé de chaleur, soupire. La reine envoie un messager à son mari, le suppliant de n'en rien faire. Même les juges d'armes estiment une seconde lance contraire aux usages. Le monarque insiste. Gabriel essaie de lui faire entendre raison, de même que le messager de Catherine. En vain. « Pour l'amour de la reine, lance Henri, foi de gentilhomme, je courrai cette lance, sans plus. — Sire, insiste le maréchal de Vieilleville, juge d'armes, je jure le Dieu vivant qu'il y a plus de trois jours que je ne fais que songer qu'il doit arriver quelque malheur aujourd'hui et que ce dernier jour vous est fatal ! »

Une mort annoncée

Un incroyable concours de visions et de prédictions avait prophétisé la mort en lice du roi Henri II. Ainsi l'évêque Luc Gauric, « astrologue du pape », avait-il annoncé en 1552 que le roi devait absolument éviter tout combat singulier lorsqu'il aurait atteint sa quarantième année – Henri eut 40 ans le 31 mars 1559... L'oracle le plus saisissant, publié à Lyon dès 1555 – soit quatre années avant le drame –, revient à Michel de Nostre-Dame, *alias* Nostradamus, qui, dans le trente-cinquième quatrain de ses fameuses *Centuries astrologiques* (1555), écrit : « Le lion jeune le vieux surmontera/ En champ bellique, par singulier duel./ Dans cage d'or, les yeux lui crèvera./ Deux classes [blessures] une, puis mourir, mort cruelle. » Faut-il préciser que Montgommery arborait les armes d'Écosse, un lion passant de gueules sur fond d'or ? Enfin l'empereur Charles Quint lui-même avait cru déceler, entre les deux yeux du jeune Montgommery, « un certain signe néfaste présageant la mort d'un des princes de la Fleur de Lys ».

Le plumet blanc et noir vacille

Le roi s'impatiente et, au lieu de s'adresser au grand écuyer, M. de Boissy, demande à ce maréchal – dont ce n'est en rien l'office – de lui remettre son casque. Vieilleville s'exécute, la mort dans l'âme, et referme tant bien que mal – assez mal, à la vérité – l'armet du roi, qui, sans plus attendre, se saisit d'une lance neuve. En face, Montgommery n'a pas eu le temps d'en faire autant. Voyant le roi s'élancer de nouveau sans même avoir attendu les signes et la sonnerie, le jeune homme pique des deux. Silence de mort sur le champ clos… Seulement le bruit sourd des deux courses. Gabriel n'a pas vu, sans doute, qu'il ne tient plus qu'un morceau de lance brisée – tronçon dangereux qui, lors du choc, va riper sur l'armure du roi et le frapper à la tête – frapper au travers de la visière mal fermée de l'armet de Sa Majesté !

Jamais plus on ne verra de tournoi royal en France. Car le roi est touché. Le roi est blessé. Les tribunes se sont levées d'un mouvement, dans un cri étouffé. Henri s'est effondré sur l'encolure de son cheval, le plumet blanc et noir oscillant de sinistre manière. Parvenu au bout de la lisse, il se laisse glisser entre les bras des écuyers, tétanisés, et de quelques seigneurs qui ont accouru, livides. Avec mille précautions, l'on finit par ôter son casque – et c'est un flot de sang qui défigure le roi.

Une malédiction planerait-elle sur la maison de Lorges ? Gabriel a sauté de cheval et couru, en armure, vers sa victime involontaire. A-t-il, comme le prétendra Brantôme, obtenu tout de suite le pardon du roi, qui aurait « dit que ce n'était rien et pardonné audit comte de Montgommery » ? Cela paraît prématuré. Mais il est probable qu'il a fait partie des seigneurs affairés à porter le blessé, à demi conscient, jusqu'à sa chambre, en l'hôtel voisin des Tournelles.

La déchirure faciale est terrible. Le tronçon de lance a heurté le crâne juste au-dessus du sourcil droit ; il a glissé sur l'os et ouvert la paupière supérieure droite, pour entrer dans l'orbite par la partie externe et ressortir au niveau de l'oreille. Cinq longs éclats de bois sont restés fichés à l'intérieur de l'affreuse plaie. Le plus grand mesure 9 de nos centimètres. Les chirurgiens tenteront bien de les extraire, mais sans beaucoup de succès. Même le grand Ambroise Paré, aussitôt mandé par le premier médecin, va se refuser à rééditer sur le souverain la violente opération qui, jadis, à la tenaille, avait sauvé François de Guise… Il demandera bientôt qu'on décapite des condamnés du Châtelet pour étudier posément, sur ces têtes encore fraîches, un moyen d'intervenir – en vain… Même le plus grand praticien du temps, l'anatomiste Vésale, finira par accourir de Bruxelles à la demande du duc de Savoie. Mais le cas du roi est désespéré. Personne, à cette époque, ne pourrait prétendre le sauver.

Au milieu des pleurs de sa famille et des gémissements de la Cour, le monarque déclinant paraît étrangement serein. Dix jours durant, il rassure les uns, réconforte les autres, il prie, il pare au plus pressé. On le voit même prendre le soin de rasséréner notre pauvre Montgommery, anéanti par « l'horreur de son crime ». « Ne vous souciez pas, articule Henri II. Vous n'avez pas besoin de pardon, ayant obéi à votre roi et fait acte de bon chevalier et vaillant homme d'armes. »

Des termes qui, en plein XVIe siècle, semblent tout droit sortis d'un roman courtois du XIIIe… Dans l'entourage du souverain agonisant, l'on se montre moins magnanime cependant. Et le jeune coupable de régicide involontaire comprend qu'il lui faut, s'il veut sauver sa vie, quitter la Cour et s'enfuir au galop vers ses terres normandes de Ducey, près du Mont-Saint-Michel.

Un mariage à oublier

« Il faut à tout prix le faire venir, insiste le roi mourant. Qu'a-t-il à craindre ? » Les jours passent et la plaie s'infecte. Le roi n'en a pas moins donné l'ordre de procéder au mariage en suspens – celui du duc de Savoie avec Marguerite de Valois. On obéit de mauvaise grâce ; le cortège nuptial, selon Vieilleville, « ressemblait mieux à un convoi mortuaire et funérailles qu'à autre chose, car, au lieu de hautbois et violons, ce n'étaient que pleurs, sanglots, tristesses et regrets, et pour mieux représenter un enterrement, ils s'épousèrent un peu après minuit, en l'église Saint-Paul, avec torches et flambeaux ».

Ce même matin, 10 juillet, à 9 heures, l'agonisant reçoit les derniers sacrements. Il bénit son successeur, le dauphin François, qui, malade, ne régnera pas deux ans… « Que mon peuple persiste et demeure en la foi », murmure le roi finissant, qui, profitant d'une légère rémission, n'a rien trouvé de plus pressé que de dicter une missive à destination du pape, rassurant la curie romaine sur la punition des hérétiques en France. Les guerres de Religion sont tout près d'éclore… Henri II passe de vie à trépas vers 13 heures.

Et Montgommery ? Sitôt après la mort d'Henri II, le Conseil l'a cassé de son grade de lieutenant des cent archers et banni – prélude à une punition bien plus lourde et qu'il aurait encourue, certainement, s'il n'avait fait le choix de se faire oublier en Italie puis en Angleterre. Quand il rentrera, des années plus tard, « celui qui tua à jouter le roi Henri » sera devenu le bras armé de la Réforme, un jour général des huguenots… Catherine de Médicis ayant pu le faire saisir à Domfront, en 1574, elle aura la triste satisfaction de voir décapiter en place de Grève celui qui, par accident, avait tué son cher époux… Par accident : des mots que la rancœur ne pouvait entendre. Au risque de l'injustice.

Gabriel de Lorges en a beaucoup souffert – jusqu'à revendiquer cet acte qu'il n'avait pas voulu. De retour en France, en 1562, il arborait, sur son nouveau blason, un heaume percé d'une lance.

La place des Vosges née d'un coup de lance

Les lices du grand tournoi de 1559 avaient été dressées aux portes de l'hôtel royal des Tournelles, sur la rue Saint-Antoine, alors la plus large et la plus dégagée de la capitale. C'est peu dire que l'accident du 30 juin de cette année-là jeta l'opprobre sur ce quartier de Paris. Catherine de Médicis, devenue veuve, ne voulut plus entendre parler des Tournelles, lieu de son malheur, ni de la vénérable résidence qui s'y élevait. Désormais, son séjour parisien fut le Louvre, en attendant la construction du palais des Tuileries. À la place des jardins de l'hôtel royal des Tournelles, Henri IV fit bâtir, entre 1605 et 1612, par Louis Métezeau, une somptueuse place carrée, bordée de pavillons à parements de brique et chaînages de pierre, sous de hauts toits d'ardoise : la place Royale – rebaptisée en 1800 « place des Vosges ». Ce qui devait inspirer à Victor Hugo, riverain, l'un de ces raccourcis dont il avait le secret : « C'est le coup de lance de Montgommery qui a créé la place des Vosges. »

5

La destinée tragique de Marie Stuart

Reine d'Écosse au berceau, éphémère reine de France, longtemps prisonnière de sa cousine Élisabeth d'Angleterre, la fille de Jacques V aura connu l'un des destins les plus romanesques de l'Histoire.

Août 1548. Une toute jeune reine de 6 ans accoste en Bretagne, à Roscoff, au milieu des bannières d'Écosse – son pays d'origine – et de France, son nouveau royaume. Cette souveraine parée d'or et d'argent n'est encore qu'une enfant ; elle n'en salue pas moins la foule qui l'acclame avec l'assurance d'une personne faite. Belle, fine, mûrie précocement : telle apparaît Marie Stuart, marquée dès le premier souffle du sceau de la fatalité. Personnage de roman, de théâtre et de cinéma, dont s'inspireront tour à tour Mme de La Fayette, Walter Scott, Friedrich von Schiller, John Ford… Sa vie, tout à la fois âpre et raffinée, précieuse et sanglante, fait songer à un drame de Shakespeare.

Née prématurée, Marie luttait déjà pour vivre quand les Écossais, battus par les Anglais à Solway Moss, se demandaient s'ils survivraient longtemps comme nation. Leur roi, Jacques V Stuart, était le père de cette enfant fragile ; miné par la terrible défaite, il se retira dans son palais de Falkland avec la certitude d'y mourir. En effet, Marie n'avait que six jours lorsque trépassa son géniteur ; cela faisait d'elle la plus jeune souveraine de tous les temps… Les siens étaient troublés, l'avenir plus qu'incertain ; aussi la mère de la reine voulut-elle la faire couronner au plus vite ; un souverain devient moins vulnérable une fois sacré. À neuf mois seulement, le 9 septembre 1543, la minuscule Marie Stuart ceignait donc une couronne dans laquelle on aurait pu la coucher…

Contre l'Angleterre schismatique, l'Écosse faisait alors figure, au cœur des îles Britanniques, de bastion catholique et romain. Cela ne fit que renforcer des liens déjà étroits avec la France ; Marie de Lorraine, la mère de l'enfant reine, n'appartenait-elle pas à la très influente maison de Guise ? C'est dans ce contexte de rivalité franco-anglaise qu'il faut restituer les premières années de Marie. Cet ogre d'Henri VIII avait formé le projet de lui donner pour époux son propre fils, Édouard, avec l'arrière-pensée d'annexer sans coup férir le royaume du Chardon. Or, en 1547, la cour d'Écosse déclinait son offre et se prononçait en faveur d'une union française : la petite reine de 5 ans fut promise au fils du nouveau roi Henri II.

Quarante ans de la vie d'une femme

C'est à Londres, en 1935, que Stefan Zweig se lance dans son *Marie Stuart*. À l'issue d'une perquisition, le grand écrivain juif autrichien quitte Vienne, pour s'installer outre-Manche. Il est déjà l'auteur d'une douzaine de biographies (*Fouché*, *Marie-Antoinette*, *Érasme*...). La première phrase donne le ton de l'ouvrage, volontiers fataliste : « À l'âge de six jours, Marie Stuart est reine d'Écosse : dès le commencement de sa vie s'accomplit la loi de son destin qui veut qu'elle reçoive tout trop tôt de la fortune pour pouvoir en jouir consciemment. »

Voilà pourquoi Marie débarque en France à l'âge de 6 ans et devient en quelques semaines l'espérance vive de son nouveau royaume. Durant une dizaine d'années, la jeune reine d'Écosse sera l'astre de la cour d'Henri II et de Catherine de Médicis. L'esprit alerte de la jeune fille saura tirer parti de l'éducation poussée dont on la gratifie. En 1556, elle fait l'admiration de tous en déclamant une oraison funèbre en latin qu'elle a elle-même écrite. C'est à cette époque que son nom écossais – Stewart – est francisé, pour devenir Stuart. En 1558, Marie épouse enfin le dauphin François, dont on la dit sincèrement éprise ; elle a 16 ans ; lui, seulement 14.

À la mort d'Henri II, l'année suivante, Marie devient reine de France – tout en demeurant reine d'Écosse. Situation bien inédite, piquante si l'on veut, et qui contribue à renforcer l'adulation dont elle est l'objet. Il est une personnalité, toutefois, qui n'apprécie guère son assurance et les grands airs qu'elle se donne : c'est la reine mère, Catherine, dont on devine qu'elle a peu goûté la jubilation avec laquelle sa bru s'est ruée sur le trône... Or, le jeune roi François II se révèle bientôt malade, très malade même ; atteint de la mastoïdite, il est emporté dans des souffrances atroces après une année de règne. Quelques jours avant ses 18 ans, voilà donc Marie reine douairière de France, autant dire sans véritable position ; et elle ne pourra pas compter sur le soutien de Catherine.

Confrontée à la Réforme

Ayant perdu sa mère avant d'être veuve, Marie repart tristement pour l'Écosse le 14 août 1561. Retour difficile en son premier royaume, alors fort en retard sur le second. La cour d'Édimbourg fait piètre figure, comparée à celle de Paris. Marie soupire et redresse la tête ; mais elle ne peut ignorer les difficultés énormes qui assaillent son pays – à commencer par la question de la religion, épineuse en ces temps de Réforme : en son absence, une grande partie de la population écossaise est devenue protestante...

Délaissant bientôt la réalité du pouvoir à son demi-frère, le comte Moray, la reine Marie Ire affecte en public un bel entrain, rapporté de la cour de France. Elle feint de ne pas remarquer les tensions qui l'entourent et fait en sorte que les premières années de son règne effectif soient heureuses, empreintes d'une certaine tolérance. La grande affaire, à propos de cette jeune veuve, est forcément celle de son remariage, conditionnant l'avenir de la dynastie. Sur qui la souveraine va-t-elle jeter son dévolu ? Sur un sien cousin, de trois ans plus jeune qu'elle : Marie brûle d'un amour incandescent pour le beau Henry Stuart, Lord Darnley, qu'elle épouse à Holyrood, le 29 juillet 1565. Hélas pour elle, l'impétueux Henry va se révéler vaniteux et brutal. Et infidèle jusqu'à la débauche. Un fils va leur naître tout de même, qui deviendra bientôt Jacques VI d'Écosse, avant de succéder un jour, sur le trône d'Angleterre, à Élisabeth Ire ! En attendant, le ménage royal tourne vite au fiasco. D'une jalousie sordide, Henry va jusqu'à assassiner, sous les yeux de la reine, un secrétaire italien qu'il soupçonnait d'être son amant. Autant dire que les folies du roi consort deviennent – spécialement aux yeux du clan Moray – un problème pour la Couronne…

Comment s'étonner, dans ces conditions, de l'attentat qui lui coûta la vie en février 1567, alors qu'il se soignait de la variole à Kirk o'Field, chez un ami ? Très vite, la rumeur publique accuse la reine d'avoir commandité ce mauvais coup, faisant d'elle la complice du comte de Bothwell, grand amiral, qu'elle avait jadis rencontré en France – un archétype de l'intrigant de cour, dont elle se révèle éperdument amoureuse… De tels soupçons seraient moins crédibles si Marie ne décidait, trois mois plus tard, d'épouser au grand jour le fameux Bothwell ! On peine à imaginer l'ampleur du scandale. Secouée dans ses fondements, l'Écosse se divise en deux camps – plus ou moins la noblesse protestante contre le peuple catholique – et verse dans un conflit fatal au nouvel époux de Marie : exilé au Danemark, il y finira ses jours au cachot.

Quant à la reine, arrêtée sur ordre de sa propre noblesse, emprisonnée au château de Lochleven, elle subit encore une fausse couche, qui lui fait perdre des jumeaux. Et le 24 juillet de cette année 1567, si terrible pour elle, elle est contrainte par Moray d'abdiquer en faveur de son fils, encore dans les langes. Celle que ses partisans continueront d'appeler « la Rose d'Écosse » n'est donc plus rien officiellement… L'année suivante, elle parvient à s'évader, lève un semblant d'armée et court se réfugier en Angleterre, chez la reine Élisabeth Ire – autant se jeter dans la gueule du loup. Dans un premier mouvement, Élisabeth se montre secourable envers sa cousine – Marie est la petite-fille de sa tante Marguerite Tudor ; mais assez vite, prétextant de l'implication probable de la fugitive dans le meurtre de son deuxième mari, elle la fait mettre en résidence surveillée. La vérité, c'est qu'aux yeux de la « Reine vierge » Marie Stuart fait figure de rivale. Et que des motifs politiques vont la maintenir dix-huit ans derrière les barreaux ! Walsingham, chargé de la police, est sans doute le plus machiavélique des conseillers d'Élisabeth. Les années passant, il se met à plaider en faveur de la suppression pure et simple de la captive. C'est dans cette perspective qu'il se fait fort de la piéger. Marie souffre, il le sait, de la solitude ; elle ne rêve que de contacts avec le monde extérieur – pourquoi ne pas faire vibrer cette corde en elle ? En janvier 1586, comme par l'effet d'un relâchement subit dans la surveillance qui l'accable, l'ancienne souveraine reçoit un paquet de lettres. Discrètement, cela va de soi ; les missives ont été dissimulées dans la bonde creuse d'un tonneau de bière.

Un coup de filet spectaculaire

Marie, facile à griser, apprend ainsi qu'elle possède un soutien de poids en la personne d'un dénommé Gilbert Gifford – en vérité un agent double. Ce Gifford, parmi les catholiques fervents de la Rose d'Écosse, a gagné la confiance du jeune aventurier Anthony Babington, aîné, quoique orphelin, d'une excellente famille, ancien page du geôlier de la reine déchue. Gifford l'a convaincu de bonne foi de travailler, secrètement, à la libération de Marie. Ce qui bientôt se trame, au-delà, c'est un complot visant à soulever les catholiques, avec l'appui des Français, et à tuer la reine Élisabeth ! Comment le charmant Babington, libre et sain d'esprit, a-t-il pu sauter à pieds joints dans un tel traquenard ? Il faut croire qu'il partage la propension de Marie aux chimères…

La reine communique avec ses nouveaux complices par le truchement d'un code secret. Celui-ci ne résiste pas aux efforts acharnés d'un décrypteur nommé Thomas Phelippes. De sorte que, bientôt, les services de la Couronne liront à livre ouvert dans la séditieuse correspondance de l'imprudente. Le 17 juillet 1586, Marie accepte expressément le complot : elle ne peut savoir que, ce faisant, elle signe son arrêt de mort. Maître du code, Phelippes lui a demandé, comme si la question venait de Babington, les noms des six gentilshommes « devant accomplir son dessein ». Tout est prêt, maintenant, pour un coup de filet spectaculaire… Il ne faudra pas longtemps pour que Babington, premier recherché, se retrouve, avec les six autres, sous les verrous, et paie de sa vie – au terme d'effroyables tortures infligées en place publique – une fidélité trop zélée.

Correspondance chiffrée

Afin de protéger sa correspondance avec la reine captive, Anthony Babington l'a chiffrée très habilement. Des symboles faisant songer à des caractères sténographiques y remplacent toutes les lettres de l'alphabet ; 36 autres valent pour des mots entiers ; 4, enfin, sont destinés à brouiller les pistes. C'est pour en venir à bout que Sir Francis Walsingham recrute Thomas Phelippes. Ce linguiste et polyglotte très versé dans l'analyse des fréquences et l'identification des caractères nuls vient à bout du code de Babington. Le piège se referme sur Marie quand Phelippes, obéissant à Walsingham, rédige lui-même un post-scriptum conçu pour la pousser à la faute.

Les charges contre Marie Stuart seraient par ailleurs bien suffisantes ; mais Walsingham entend mettre toutes les chances de son côté, aussi organise-t-il une fausse évasion pour que sa mauvaise foi soit démontrée. C'est au château de Fotheringhay, dans le nord-est de l'Angleterre, qu'est mené le grand procès de la conjurée. Qui, calme et assurée, commence par nier tout en bloc. Comment la souveraine déchue saurait-elle que son code a été déchiffré et que ses accusateurs possèdent, de sa main, des aveux accablants ? La « non-demande » de grâce à la cousine Élisabeth comprendra des accents touchants : « Madame, je rends grâce à Dieu de ce qu'il lui plaît de mettre fin […] au pèlerinage ennuyeux de ma vie. Je ne demande point qu'elle me soit prolongée […]. Je supplie seulement Votre Majesté que […] je puisse tenir de vous et de nulle autre les bienfaits qui s'ensuivent [...]. » Marie demande à être enterrée en France, à être exécutée publiquement pour qu'on ne puisse douter de sa foi et, enfin, que ses serviteurs ne soient pas abandonnés. Elle sera très partiellement exaucée – oserais-je noter que le terme « ennuyeux », à l'époque, signifie « pénible », et non « lassant » ? Le 8 février 1587, devant plus de 300 personnes massées dans la grande salle de Fotheringhay, Marie Stuart, ancienne reine d'Écosse, reine douairière de France, est décapitée. Son courage éblouit l'assistance. Le bourreau, maladroit, aura dû s'y reprendre à trois fois. « Loué soit Dieu, avait-elle lâché en apprenant la sentence, vous me faites un grand bien de me retirer de ce monde ! »

La Rose et le Chardon

Du temps de Marie Stuart, l'Écosse est un royaume indépendant, souvent en conflit avec son grand voisin du Sud. En 1295, elle a même signé avec la France de Philippe le Bel (et la Norvège) un traité d'alliance défensive : l'Auld Alliance. Il en a découlé, tout au long du XIVe siècle, des opérations militaires ponctuelles. Certes, en 1502, Henri VII et Jacques V tentent un rapprochement, mais un climat de guerre larvée n'en subsiste pas moins entre les deux pays. En 1603, à la mort d'Élisabeth Ire, le jeu dynastique porte Jacques VI Stuart, fils de Marie, au trône d'Angleterre. Cela va faciliter l'Acte d'union (1707), qui réunit l'Angleterre et l'Écosse en un royaume de Grande-Bretagne. En 1746, remplacés par les Hanovre sur le trône d'Angleterre depuis plus de trente ans, les Stuarts tentent une ultime offensive contre les « Hanovriens » : ce sera la sanglante bataille de Culloden, dans les Highlands, lourdement perdue par leurs partisans « jacobites ». En 1998 enfin, le Scotland Act voté par le Parlement du Royaume-Uni restitue à l'Écosse un début d'autonomie, mais le référendum de septembre 2014 la maintiendra au sein du Royaume.

6

L'ASSASSINAT DE CONCINI

Le 24 avril 1617, le très puissant, très influent Concino Concini, conseiller et confident de la reine mère, Marie de Médicis, est tué. Comment a-t-on pu en venir à cette solution extrême ? Pour le savoir, il faut revenir quinze ans en arrière...

Sidérée, consternée, la jeune épouse refuse d'en croire ses yeux. En cet automne 1601, Marie de Médicis, 26 ans, est venue de Florence à Paris pour être mariée au roi de France, Henri IV, de vingt et un ans plus âgé. Et lui offrir, avec une dot énorme, l'héritier que sa première épouse, la reine Margot, n'a pu lui donner. Mariage de raison… Au moins, en rejoignant la cour la plus riche d'Europe, Marie s'imaginait trouver au Louvre le luxe et les splendeurs d'un grand palais moderne… Hélas : sa nouvelle demeure, composite, en plein chantier, lui paraît triste, encombrée, puante en maints endroits…

Marie se désespère ; chaque jour, elle pleure dans le giron de son amie intime, sa sœur de lait : Leonora Dori, qui se fait appeler « Galigaï ». Propulsée dame d'atour de la nouvelle souveraine, « la » Galigaï s'installe pour sa peine dans un vaste appartement du second étage, juste au-dessus de chez la reine. Elle est chargée d'habiller Sa Majesté chaque matin, de la déshabiller le soir, ce qui la met à même d'avoir la primeur des plaintes et des confidences. Or, la Galigaï intrigue, et intrigue habilement – non sans sacrifier, en secret, à quelques rites magiques bien florentins, souillés de fumée grasse et de sang de pigeon…

Un couple dévoré par une folle ambition

Sombre, affichant une austérité douteuse, le puissant chaperon fait figure de méchante femme. La Cour, bien vite, compare Leonora à la plus noire des corneilles. Qu'importe à l'ambitieuse : elle ne rêve que pouvoir et argent. Or ce n'est pas son mari qui va la modérer : Concino Concini incarne le type achevé de l'aventurier sans foi ni loi. Rien n'est trop beau pour lui ; tout lui paraît devoir céder devant une faveur qu'il entend bien rendre sans cesse plus éclatante. La reine Marie ne comble-t-elle pas le couple de grâces, de privilèges grands et petits ? Le vieux roi le déplore ; il n'est pas aveugle : « Le cœur me dit que cet homme et cette femme causeront un jour bien du mal, soupire Henri IV avec lassitude. Je leur trouve des desseins au-dessus de leur condition et contraires à leur devoir. » On ne saurait mieux dire.

La régence troublée de Marie de Médicis

13 mai 1610. Marie de Médicis est sacrée reine de France à Saint-Denis.
14 mai 1610. Henri IV est assassiné à Paris par Ravaillac.
15 mai 1610. Lors d'un lit de justice, la régence de Marie est confirmée.
Juillet 1610. Concini entre au Conseil du roi.
Janvier 1611. Démission de Sully.
Novembre 1613. Concini, marquis d'Ancre depuis trois ans, est fait maréchal de France.
2 octobre 1614. Proclamation de la majorité de Louis XIII.
Octobre 1614-février 1615. États généraux.
Mai 1616. Condé chef du Conseil (il sera arrêté en septembre pour avoir voulu tuer Concini).
Novembre 1616. Première entrée de Richelieu au Conseil.
24 avril 1617. Assassinat de Concini.
3 mai 1617. Marie assignée à résidence à Blois.

Au moins, le ménage à la mode se montre-t-il discret ? Que nenni ! Rien de grossier, rien d'arriviste comme ce Concini qui, parfois, sortant de la chambre de la reine, rajuste délibérément ses chausses pour alimenter la médisance des courtisans, dont il s'amuse par bravade… Lorsque, au printemps 1610, Marie est couronnée – exception pour une reine de France –, ses deux amis ne se sentent plus de joie ; or, celle qui vient de ceindre « la plus belle couronne de la terre » ne va plus tarder à concentrer entre ses mains les véritables pouvoirs. En effet, le 14 mai, au lendemain même du couronnement, Henri IV est assassiné. La régence de

Marie est aussitôt déclarée ; elle sonne comme une trompette céleste aux oreilles des Concini-Galigaï. La régente – qui est d'abord la mère du tout jeune roi Louis XIII, âgé de 9 ans – se sent pousser des ailes. Encouragée dans ses pires penchants, désormais, par un aréopage de conseillers intéressés, elle s'offre tout ce que son défunt mari lui aurait refusé. À commencer par le plaisir de combler ses proches, jusqu'à les pourrir.

Le pouvoir et l'argent sont à présent, sans limites, aux mains de la Galigaï et, par voie de conséquence, dans la manche de Concini. Sous le regard faussement absent d'un jeune roi qui observe tout en silence et ravale constamment ce qu'il subit comme une humiliation, les deux Florentins se gavent sans retenue. « Je veux savoir, aurait lancé Concini, jusqu'où la fortune peut porter un homme. » Jouissant mieux de celle-ci, au demeurant, lorsqu'elle lui donne l'occasion de rabaisser autrui, ce parvenu affecte de traiter de haut le jeune souverain, allant jusqu'à rester couvert en sa présence, jusqu'à s'asseoir ostensiblement dans son fauteuil… Comment celui qu'on vient de faire maréchal de France, dont la suffisance est sans limites, comprendrait-il que l'enfant royal, d'ores et déjà, mûrit sa vengeance ?

Il faut préciser qu'entre 12 et 13 ans, Louis XIII a fait la connaissance d'un homme brillant, gracieux, bienveillant et bien fait, aussi charmant en somme que Concini peut se montrer repoussant. Charles d'Albert de Luynes (1578-1621) – c'est son nom – a 30 ans ; sans doute, aux yeux du roi orphelin, fait-il naturellement figure de second père – ou du moins de grand frère… Ce qui les réunit d'abord ? L'amour des faucons, des milans et autres oiseaux de proie, qu'on soigne avec force égards dans les volières du palais du Louvre.

Une conjuration juvénile et implacable

Les deux complices ne se quittent bientôt plus ; et l'on verra Luynes partager la chambre d'un jeune roi qui, en secret, connaît sans doute à ses côtés les feux d'une première passion. 13 ans… L'âge pour les rois de la majorité. En ce début de 1617, le seul obstacle à une effective prise de pouvoir de Louis XIII, maintenant âgé de 16 ans, s'appelle Concini – et de fait, on ne parle à la Cour que du couple infernal. À présent, dans l'entourage du roi et de Luynes, certains vont même jusqu'à se demander comment débarrasser la France du maréchal d'Ancre – surnommé le *coglione* – et de sa sorcière d'épouse. Un cercle s'est formé, qui prend le tour d'une conjuration ; on y trouve aussi bien des bretteurs que quelques grands commis de l'État, dont le Dauphinois Guichard Déageant.

Des questions se posent, similaires à celles qui avaient torturé Henri III, un quart de siècle plus tôt, avant qu'il ne fasse tuer – qu'il ne laisse tuer – le duc de Guise. Qui employer, quelle arme utiliser, à quel moment, à quel endroit ? Le plus délicat étant, naturellement, de trouver des candidats au meurtre, même s'il s'agit d'officier avec la tacite bénédiction du jeune roi… « Fort heureusement, raconte André Castelot, le baron de Vitry, capitaine des gardes du corps, accepte d'opérer avec l'aide de son frère, de son beau-frère et d'un ami. Il pose cependant une condition : recevoir l'ordre de la bouche du roi et en présence de ses associés. “Sire, demande-t-il, si le maréchal se défend, que veut Sa Majesté que je fasse ?” Guichard Déageant répond pour le souverain : “Le roi entend qu'on le tue." Louis XIII a simplement baissé les yeux. Vitry s'incline : "Sire, j'exécuterai vos commandements." »

Après des contretemps, la date s'impose, irrévocable. Tout va donc s'accomplir dans la matinée du 24 avril. Un lundi. Au Louvre, le jeune souverain a peu dormi ; il s'occupe de son mieux, affecte même, concentré, de disputer une partie de billard ; 9 heures sonnent ; toujours pas de Concini à l'entrée du Louvre ; Louis regagne sa chambre, nerveux.

Non loin de là, dans son bel hôtel de Bourbon, le maréchal d'Ancre a pris la peine de se faire beau ; à l'issue d'une toilette de prince, sous les regards énamourés d'une petite cour appointée, il apparaît enfin, sur les coups de 10 heures, dans un pourpoint noir brodé d'or, haut-de-chausses de velours gris-brun, manteau de velours noir passementé ; à ses pieds, des galoches protégeant le vernis de ses bottes – ce début de printemps est pluvieux, les rues de Paris plus boueuses que jamais. Il se présente au Louvre par la porte de Bourbon, du côté de Saint-Germain-l'Auxerrois, un placet dans une main, dans l'autre un gros bouquet destiné à la reine. Sitôt la lourde porte franchie, des gardes la referment sur lui et en barrent les verrous ; devant, l'autre porte de la vieille enceinte de Philippe Auguste est bouclée : la nasse vient de se refermer sur la victime en sursis qui, plongée dans la lecture de la supplique, ne remarque rien d'anormal ; sa suite non plus, qui salue à l'ordinaire Vitry et ses compagnons.

Celui-ci passe près de Concini sans le voir. « Où est le maréchal ? » demande-t-il avec anxiété. On le lui désigne. « De par le roi, je vous arrête ! » lance-t-il aussitôt. Stupéfaction de l'autre, qui ne peut croire qu'on s'adresse à lui. « *A me ?* » demande-t-il, retrouvant par réflexe sa langue maternelle. « Moi ? — Oui, vous ! » Avant que Concini n'ait pu tirer l'épée, cinq coups de pistolet lui sont tirés dessus. Philippe Erlanger écrit : « Trois balles frappèrent Concini, la première entre les yeux, la seconde à la joue, la troisième à la gorge. Le blessé tomba à genoux, le dos au parapet. Aussitôt, les cinq et plusieurs autres fondirent sur lui l'épée à la main. La mort avait fait son œuvre depuis longtemps qu'ils le lardaient encore. » Il faut imaginer, après un tel coup de force, le moment de silence au cours duquel le temps paraît suspendu... Et puis une fenêtre s'ouvre au niveau de l'appartement royal ; une jeune silhouette se profile qui savoure, de loin, son triomphe. On acclame le jeune souverain, qui, ému, remercie à la cantonade. « Grand merci ! crie Louis. Grand merci à vous ! À cette heure, je suis roi. »

Discrètement inhumé le soir même à l'église voisine, celle de Saint-Germain-l'Auxerrois, le corps du Florentin honni sera bientôt déterré par la foule parisienne, ivre de rage et de vengeance. On fera subir les pires outrages à la dépouille, que l'on découpera pour en envoyer des morceaux à toutes les paroisses... Un fort des Halles, dit-on, extraira même le cœur du thorax, pour le rôtir et s'en régaler.

Le favori de Marie ainsi dépecé, on ne donne pas cher de sa maudite veuve. La Galigaï, lâchement délaissée par la reine mère, va devoir essuyer un procès dans les règles – un procès devant le parlement de Paris qui la conduira, forcément, à l'échafaud. Par quel moyen, demandera l'un des juges à celle qui, quelques semaines plus tôt, faisait encore la pluie et le beau temps, par quel moyen une simple dame d'atour a-t-elle donc pu gagner tant d'ascendant sur la plus puissante des souveraines ? Réponse de cette morte en sursis : « Par le pouvoir qu'une femme habile et résolue exerce sur une balourde. »

L'accusée subit une vingtaine d'interrogatoires et de confrontations, mais, par grâce spéciale, elle échappe à la torture. Devant la relative faiblesse de l'accusation, décision est prise de la poursuivre en sorcellerie – et c'est pour avoir recouru à l'exorcisme et à la médecine juive qu'elle est finalement jugée et condamnée pour lèse-majesté divine et humaine. Décapitée le 8 juillet 1617 en place de Grève, elle ne sera pas conspuée par la foule. En effet, sa constance et son courage, d'un côté, l'acharnement de ses juges, de l'autre, vont donner lieu en sa faveur à une sorte de revirement de l'opinion publique.

7

La Rochelle dans l'étau royal

Le 28 octobre 1628, le grand port de l'Ouest, place forte du protestantisme, capitule devant les troupes royales commandées par le cardinal de Richelieu. L'épilogue d'un siège dont l'issue fut longtemps incertaine.

François Bluche, auteur d'un passionnant *Richelieu*, estime que « dans la mythologie nationale, le fameux siège de La Rochelle occupe une place comparable au drame d'Alésia ou, dans le Sud-Ouest, à la résistance de Montségur ». Et l'historien du Grand Siècle ajoute : « En apparence, une nation tout entière s'attaque à une ville rebelle. En réalité, s'affrontent l'État légal, légitime, catholique et royal et un "contre-État calviniste", cet "État dans l'État" que dénoncera le *Testament politique* de Richelieu. » Voilà, d'entrée de jeu, prononcé le nom du grand homme – ou du diable rouge : celui d'Armand Jean du Plessis, cardinal de Richelieu. Le grand ministre, depuis peu aux affaires, a fait de la mise à genoux des Rochelais une question personnelle ; il y va notamment de sa réputation en Europe, pour ne rien dire de son crédit auprès du jeune roi.

Au demeurant, Louis XIII n'a pas attendu l'ancien évêque de Luçon pour faire la guerre aux protestants. Dès 1620, il s'est présenté à Pau à la tête de troupes menaçantes et a remplacé le conseil de Béarn par un parlement où ne siègent plus que des catholiques. Le roi s'est mis en campagne en avril 1621 contre des bastions du protestantisme, notamment Saumur et Thouars, qui sont tombés sans résister ; puis, Saint-Jean-d'Angély matée, l'armée royale s'est dirigée vers Montauban et le Languedoc…

À La Rochelle, l'affrontement entre royaux et huguenots n'en prend pas moins une autre dimension : il s'agit de mesurer la force effective des deux grands chefs protestants – Henri de Rohan et son frère, Benjamin, seigneur de Soubise – ainsi que leur capacité à maîtriser les mers : La Rochelle n'est-elle pas, après Marseille, le deuxième port de France ? D'ailleurs, dès la fin de ce qu'on appellera la « première guerre », en 1622, Louis XIII a fait édifier, juste à l'ouest de ce port majeur, un fort imposant, que les habitants de la fière cité regardent comme une insulte et non comme une menace.

À la faveur d'une « deuxième guerre », Rohan et Soubise n'auront cessé de harceler les troupes royales ; et d'autant plus que l'annonce de l'entrée de Richelieu au Conseil, au printemps 1624, a rendu nerveux des chefs protestants qui, impuissants, voyaient se resserrer sur La Rochelle l'étau royal. Au début de l'année suivante, leur flotte est entrée, près de l'actuelle Lorient, au sein même de la rade du Blavet ; après quoi Soubise est venu prendre le contrôle de tous les petits ports de Ré et d'Oléron ! Le pouvoir royal a froncé le sourcil et renforcé ses places de Brouage et de Marans…

« Ruiner les huguenots »

À la veille d'un nouveau conflit, il ne fait de mystère pour personne que les Rochelais pourront compter sur le soutien du roi d'Angleterre. Au printemps 1627, Louis XIII ayant interdit à ses sujets tout commerce avec Albion, le duc de Buckingham, son principal ministre, monte une expédition contre le royaume de France : 80 vaisseaux sont censés déverser rapidement sur le continent quelque 10 000 Anglais aguerris ! À La Rochelle se manifeste, au sein du corps municipal, une dissension foncière entre ceux qui, tel l'amiral Jean Guiton, voudraient rester fidèles au roi de France, et ceux – majoritaires, à la vérité – qui ont pris le parti de l'ennemi. Tout est prêt pour que commence un siège ; il durera treize mois, du 20 septembre 1627 au 28 octobre 1628.

Dans un premier temps, l'affrontement est surtout un bras de fer entre hommes de confiance des deux rois : Richelieu contre Buckingham. Dès le 20 juillet 1627, ce dernier, menant les Anglais, s'attaque à l'île de Ré, obligeant tout de suite le comte de Toiras à se replier avec la plupart de ses hommes dans la citadelle de Saint-Martin. Mais la résistance héroïque des Français, trois mois durant, gêne considérablement l'envahisseur ; elle permet de tenir jusqu'à l'arrivée de renforts en provenance des Sables-d'Olonne, le 7 octobre, et jusqu'à l'ultime assaut de Buckingham, le 6 novembre. Poursuivis dans l'île par les troupes françaises du maréchal de Schomberg, les survivants anglais en seront réduits à rembarquer, reconnaissant perdue la bataille de Ré.

« Faut ruiner les huguenots, avait écrit Richelieu au père du futur Grand Condé. Si Ré se sauve, facile. S'il se perd, plus difficile, mais faisable et nécessaire comme unique remède à la perte de Ré. Autrement, les Anglais et Rochelais seraient uns et puissants. » Or, justement, l'île est sauve, et le roi s'est installé maintenant, avec son ministre, sous les murs de La Rochelle. Avant de reprendre la mer, Buckingham a tout de même fourni à ses protégés huguenots un contingent de 450 hommes – seulement un quart de ce que réclamait la ville assiégée. Isolée. Car Richelieu a tôt fait de couper La Rochelle du continent par une ligne de circonvallation, jalonnée d'une douzaine de fortins. Seule la mer, à peu près, demeure libre ; le Cardinal sent bien que c'est de ce côté qu'il conviendrait d'agir... Il fera donc bâtir, en eaux vives, non pas une, mais deux digues. La première, de bois, sera emportée par les éléments déchaînés ; la seconde, de pierre, résistera comme dans les contes et privera les assiégés de secours.

Qu'on ne les imagine pas pour autant bras croisés : les Rochelais, plus que jamais, s'activent dans leurs hauts murs. Mais tandis qu'ils tentent de desserrer l'étau, la forte digue s'édifie et referme sur eux son piège... Le roi, lui, s'est lassé. Il est reparti. À compter du 10 février 1628, la chose est officielle : le camp royal sera commandé par « M. le cardinal ». Richelieu n'en manifeste aucune vanité ; il a mieux à faire, s'activant sur tous les points du siège, commandant, rectifiant, encourageant, sanctionnant quand il le faut. Il se démène d'autant plus que, chez les assiégeants, l'ardeur paraît mollir. Qu'en est-il donc, au vrai, des assiégés ? Pour l'essentiel, la ville reste ferme. On y pleure, on y gémit, on y périt littéralement de faim, et ce sont femmes et enfants qu'il faudra bientôt jeter, perdus et mourants, entre les lignes ; mais on tient bon. De sorte qu'au printemps 1628 un parieur donnerait les Rochelais vainqueurs. Deux événements, coup sur coup, vont les aider du reste à supporter les privations les plus terribles. Le 2 mai, Jean Guiton devient maire. Désormais partisan de la lutte à outrance, il fait le serment de percer le cœur du premier qui parlerait de se rendre. Et joint le geste à la parole en plantant son poignard dans la table du conseil, y laissant, dit-on, une entaille qui défiera le temps. Surtout, le 15 mai, des tours rochelaises, on aperçoit les voiles tant espérées – celles de la flotte de secours annoncée par Buckingham. Hélas pour La Rochelle, présenter son amiral, Lord Denbigh, comme un guerrier pugnace serait exagéré… Dans la cité aux abois, Guiton et les siens s'en remettent à la prière. À la grâce de Dieu. Coup du Ciel ? Le 29 juillet, une nouvelle tempête endommage rudement la digue du Cardinal.

La digue du Cardinal

Sur les conseils d'un personnage étrange, l'ingénieur Pompeo Targone, rebaptisé Pompée Targon par les Français, Richelieu ordonne la construction d'une première barrière maritime en bois – une « machine » constituée de vaisseaux coulés, de pontons et de batteries flottantes.

Un coup de vent terrible en vient à bout – sans que cela décourage le bouillant cardinal ! L'adversité est un stimulant pour Richelieu. Bientôt, l'un de ses protégés, l'architecte Clément Métezeau, reprend l'idée d'une digue entre la pointe de Courteilles et Chef-de-Baie, mais il propose de la bâtir en dur : comme un entassement de pierres sèches, formant une large assise de 16 de nos mètres, sur une douzaine de hauteur... Le tout, sur près de 700 toises : soit un kilomètre et demi ! La première pierre en est posée solennellement le 30 novembre, ouvrant un chantier titanesque qui va durer quatre mois. Le 10 janvier 1628, une tempête emporte le parement de la digue – on n'en continue pas moins, jusqu'aux abords du printemps ; après quoi sont alignés sur le sommet de l'ouvrage 200 chevaux de frise : les redoutables « chandeliers » de l'ingénieur Bernard du Plessis-Besançon. Ce sont eux que s'appliquera à figurer, en 1881, le peintre Henri-Paul Motte sur la célèbre toile du musée d'Orbigny.

Un faible espoir

Ce qui règne à présent dans les deux camps, c'est une sorte d'anarchie, un climat de désordre propre à faire le lit de la rumeur. Dans les murs, le bruit estival de l'imminente arrivée d'une troisième escadre anglaise redonne un faible espoir aux huguenots qui n'ont pas encore défailli. Hors les murs, c'est la nouvelle de l'assassinat de Buckingham, le 23 août, juste à la veille d'une expédition nouvelle, qui ranime les énergies des assaillants. Peut-être qu'en effet un obscur officier puritain, le fanatique John Felton, en éliminant le favori du roi Charles, aura eu raison de La Rochelle…

Il n'empêche : le 28 septembre, l'armada tant attendue s'engouffre dans le pertuis et se présente face aux murs blancs et fiers. Cent quatorze vaisseaux sont là, bien rangés sous les ordres de Lord Lindsey, mal obéi cependant de ses subordonnés, lourdement visé par l'artillerie française et desservi par des vents contraires. Trois semaines d'affilée, en octobre, sous le regard désespéré d'assiégés qui gémissent, qui soupirent et qui râlent, les Anglais démontrent leur impuissance. D'ailleurs, Jean Guiton s'est résigné. Il n'est que temps d'abréger les souffrances des pauvres survivants du siège – un Rochelais seulement sur cinq, selon certains auteurs !

Des messages sont envoyés. Le 29 octobre, cape rouge sur son armure, le cardinal de Richelieu fait une entrée d'*imperator* dans la cité soumise. La fière Rochelle est à genoux. Le roi pourra y parader dès le 1er novembre… Louis XIII pardonnera aux survivants – clémence toute politique –, mais La Rochelle perdra ses privilèges militaires ; et le corps de ville, son autonomie. Ironie de cette rude histoire : une semaine plus tard, du 6 au 8 novembre 1628, une tempête, avant de ravager l'Aunis, détruit la digue fatale de fond en comble – trop tard pour les Rochelais ! À une dizaine de jours près…

8

Louis XIV n'est pas mort, vive le roi !

En 1658, Turenne affronte l'armée espagnole de Condé entre Nieuport et Dunkerque. La victoire acquise, le jeune Louis XIV, pris de fièvres terribles, s'effondre… Et c'est toute la cour de France qui s'affole à l'idée de voir disparaître, à moins de 20 ans, un souverain plein de promesses.

À la fin du printemps, Calais est sens dessus dessous : le jeune roi Louis XIV – il n'a pas 20 ans –, accompagné de sa mère, la reine Anne, et de son parrain et principal ministre, le cardinal de Mazarin, vient de s'installer en ville, à l'hôtel de l'ancien mayeur, Alexandre Rault, pour y suivre de près les opérations militaires menées dans les Flandres par le vicomte de Turenne. Il a fallu renforcer partout les défenses, accueillir en ville la garde du souverain, loger au mieux la Cour, qui le suit en tout lieu… La halle du marché a même été changée en écuries pour les chevaux de

Sa Majesté ! Mais, grands dieux, où trouver le nécessaire ? Depuis une génération, la France et l'Espagne se battent sans discontinuer. Avec pour principal terrain d'affrontement ces « Pays-Bas » difficiles à tenir aussi bien qu'à conquérir. En France, la Fronde a pour l'essentiel été matée ; mais l'intrépide prince de Condé, cousin de Louis XIV, persiste à se battre, au nom du roi d'Espagne, contre sa patrie et son souverain. Ce dernier n'est peut-être pas un guerrier-né, comme l'était son père, Louis XIII, mais il n'en est pas moins vaillant et brave comme on peut l'être à son âge. Il aime l'armée, ne craint pas les combats et ne demanderait pas mieux que de figurer en première ligne, au feu. Il a pris part, dès 1653, au siège heureux de Sainte-Ménehould puis, en 1655, à toute la campagne de Flandres, notamment au siège de Saint-Ghislain. Impétueux, il prend volontiers des risques, ce qui met son entourage à la torture.

« Et ne devoir qu'à soi le gain d'une bataille »

Il faut toute l'influence d'un Mazarin pour dissuader ce fougueux monarque de 19 ans d'aller par trop s'exposer. Il ne saurait disposer de sa vie, lui rappelle patiemment le cardinal ; celle-ci appartient à ses peuples, qui lui en voudraient de mourir sottement, d'une balle perdue ou d'un boulet… Le jeune homme écoute, grimace, finit le plus souvent par se résigner. Le cardinal, en revanche, voit d'un œil favorable les conseils et l'exemple que le grand Turenne est en situation de prodiguer à son filleul. Il pourrait lancer au stratège, comme le comte de Corneille : « Joignez à ces vertus celles d'un capitaine : / Montrez-lui comme il faut s'endurcir à la peine,/ Dans le métier de Mars se rendre sans égal,/ Passer les jours entiers et les nuits à cheval,/ Reposer tout armé, forcer une muraille,/ Et ne devoir qu'à soi le gain d'une bataille. »

Antoine Vallot, premier médecin, compte parmi les inquiets. Depuis 1652, cet homme plein de bon sens a succédé dans le suprême office à François Vautier, un Arlésien comme lui et, comme lui, partisan de la médecine « chimique » contre la médecine « galénique ». Résolument moderne, donc, Vallot a de surcroît été formé à la vénérable faculté de Montpellier – ce qui le rend d'autant plus suspect aux yeux de ses confrères parisiens. Disons-le : qu'il ait, par « l'intrigue du Mazarin », décroché la timbale du premier médecin fait de lui, pour beaucoup, l'homme à abattre.

Or, depuis 1653 et l'entrée du royal adolescent sur les champs de bataille, Antoine Vallot s'insurge, mais sans effet. « En réponse que je lui adressais, écrit-il, Sa Majesté me dit à plusieurs reprises qu'elle aimait mieux mourir que de manquer la moindre occasion où il y allait de sa gloire et du rétablissement de l'État. » La reine voudrait elle aussi modérer son fils, mais il lui faut compter avec l'intrépidité du jeune roi – et s'en remettre à la sagesse du cardinal : montrer le souverain aux revues pour galvaniser les troupes, soit ; exposer sa vie dans des engagements trop chauds, pas question !

Voilà pourquoi Louis XIV ne prend pas part à la célèbre bataille des Dunes, qui, le 14 juin 1658, met une fois de plus aux prises les deux grands soldats du temps, de force égale en nombre comme en art : Condé, côté espagnol ; Turenne, côté français. Ce dernier bénéficie cette fois d'un avantage appréciable. Mazarin, en effet, a décidé de frapper un grand coup.

Ne pouvant, faute de finances, renforcer les armées de Turenne, il a osé les accroître par une alliance controversée : elles seront grossies des troupes anglaises, protestantes et révolutionnaires de Cromwell ! Un traité a été signé à Paris, aux termes duquel l'Angleterre devait aider la France à prendre Dunkerque et Gravelines, en dédommagement de quoi elle garderait la première de ces deux villes. Étrange alliance, en vérité, que celle des ennemis ataviques ; alliance dictée par la nécessité et rendue possible seulement par l'extrême habileté de Mazarin et par le zèle de ses agents. Les combats s'engagent et, sans ambages, donnent clairement l'avantage aux Franco-Anglais. Quelques jours plus tard, c'est un jeune roi désolé du rôle qu'on entend lui voir jouer qui remettra aux Anglais les clés de la ville fraîchement conquise. Les chroniqueurs noteront que, dans la seule et même journée du 25 juin 1658, Dunkerque, espagnole le matin, aura été française à midi, pour devenir anglaise le soir venu…

Les dunes en question

La campagne de 1658 ne doit que prolonger celle de l'année précédente aux yeux de Turenne, qui, à la tête d'une armée franco-anglaise, taille des croupières à Condé. Ayant mis le siège devant Dunkerque et persuadé les Anglais d'en bloquer les côtes, le chef français y attire tout naturellement les troupes de l'archiduc Juan d'Autriche, accouru au secours de la place. Averti le 13 juin de leur approche, Turenne laisse quelques bataillons à Dunkerque et court avec 15 000 hommes au-devant d'Espagnols à peine moins nombreux et mieux dotés en cavaliers. C'est bel et bien au cœur des dunes de Leffrinckoucke que s'engagent les combats du 14 juin. Alors que le centre et la droite espagnols sont enfoncés par les redoutables piquiers anglais, Condé, sur la gauche, reprend l'offensive – mais il ne va pas parvenir à contrer la cavalerie de Turenne. Les pertes sont considérables chez les Espagnols, dont la défaite, onze jours plus tard, se soldera par l'évacuation de la ville.

Le premier médecin parle de « venin caché »

Or, Louis XIV, mortifié de tant de concessions, redouble au front de présence et d'énergie. On le voit partout, inspectant escadrons et bataillons, communiquant aux uns son enthousiasme, aux autres sa volonté d'en finir. Dans l'air brûlant et malsain de ce trop chaud début d'été, au milieu des relents et des miasmes exhalés par des charniers à ciel ouvert, Sa Majesté se dépense sans compter. Jusqu'au 29 juin, lorsque soudain, à Mardyck, Louis titube et tombe de fatigue. Une fièvre maligne s'est emparée de lui, provoquant « transports furieux, tressaillements et stupeur du cerveau ». Ramené à Calais dans l'affolement, le souverain y est l'objet de soins anxieux. Mais pendant la première quinzaine de juillet, son état ne va faire qu'empirer. Le roi suffoque et perd connaissance ; ses extrémités sont froides, son corps enfle par endroits… Louis est victime de la plus virulente des « fièvres pourprées » – on ne parle pas à l'époque de typhus exanthématique…

La Faculté s'alarme, à commencer par notre Antoine Vallot, tout suant à présent de son écrasante responsabilité. Le malheureux tient fébrilement le journal de la maladie. Selon lui, Sa Majesté s'est trop longtemps exposée à la corruption de l'air et à l'infection des eaux, est allée au-delà de ses forces sans se ménager et sans accepter les saignées préventives qu'on n'a pourtant pas cessé de lui proposer. Ainsi, le souverain « contracta petit à petit un venin caché, qui, après avoir infecté ses humeurs et troublé son tempérament, le fit tomber en cet état ». Vallot parle bel et bien de « venin caché ». Le médecin défend donc la thèse d'un empoisonnement par un agent extérieur ! « Je pris résolution sur cette bouffissure qui ressemblait à celle que l'on remarque après la morsure d'un serpent et sur le transport qui se faisait à la tête qui menaçait de suivre si l'on n'y apportait promptement les remèdes nécessaires », écrit-il dans le journal. Question : dans ce cas, pourquoi n'avoir pas préconisé l'emploi d'un vomitif ? Il faut croire que le premier médecin, il est vrai peu soutenu, n'ose imposer son avis à ses honorables confrères… Hélas, chaque jour, bientôt chaque heure qui passe, voit s'aggraver l'état du royal patient. La nouvelle de sa maladie a déjà fait le tour du royaume ; et partout, à Paris comme dans les provinces, on prie, on sort les châsses, on processionne, on invoque les mânes des saints guérisseurs…

Dans la nuit du 6 au 7 juillet, la situation paraît tellement désespérée qu'on administre au roi les derniers sacrements. On a beaucoup rapporté les propos fermes de ce tout jeune mourant à son parrain, le cardinal. Il est vrai qu'ils annoncent la future grandeur de celui qui, dans l'Histoire, entrera comme le Grand Roi : « Vous êtes homme de résolution et le meilleur ami que j'aie, c'est pourquoi je vous prie de m'avertir quand je serai à l'extrémité, car la reine n'osera pas le faire par la crainte que cela n'augmente mon mal ; donnez-m'en votre parole. »

Le roi vomit vingt-deux fois

Une semaine passe encore, funèbre déjà. Impuissants, les médecins ne font guère mieux que frotter les parties du corps boursouflées avec une pommade d'essence de fourmis, de baume d'esprit d'écrevisse et de baume du Pérou. À la fin, la reine mère, éplorée, ne sachant plus à quel saint se vouer, contre l'avis d'une Faculté au bord de l'offuscation, va insister pour que l'on reçoive un praticien local d'excellente réputation : un certain Balthasar Du Saussoy, d'Abbeville, providentiellement de passage à Calais.

Le brave homme possède, comme dans les contes orientaux, une immense expérience et presque aucun usage du monde. S'appuyant lourdement sur le lit royal – sacrilège aux yeux des médecins de la Cour –, il déclare : « Voilà un garçon bien malade, mais il n'en mourra pas ! » Son remède ? L'absorption d'un émétique à base d'antimoine – autant dire une abomination au regard de la Faculté de Paris.

Où va donc incliner le sort ; et que va conseiller Antoine Vallot ? De formation, de conviction, ce « chimiste » serait favorable aux émétiques. Le fait est pourtant qu'en cette circonstance le premier médecin fait le choix de la prudence et, chose incroyable, déconseille la prise du vomitif ! C'est Anne d'Autriche, encore une fois, qui va s'interposer pour que soit tenté le remède de la dernière chance. La première prise se révèle certes décevante, et les pleurs redoublent dans la chambre du mourant, sur fond de prières aux agonisants ; mais, dès la seconde, le roi se redresse et vomit longuement, de toute son âme – vingt-deux fois de suite ! Avec pour effet de purger l'organisme. Presque aussitôt la fièvre retombe ; le roi va mieux ; le roi retrouve des forces : Louis est sauvé !

Pendant ce temps, sur les champs malmenés de ces Flandres à feu et à sang, les Franco-Anglais de Turenne assoient et renforcent une indiscutable supériorité : Furnes, Bergues, Dixmude sont prises. Entre la chute de Dunkerque et celle de Ninove, le 28 octobre, Turenne aura conduit dans les Flandres une glorieuse campagne, mettant sous sa coupe une vaste zone délimitée par l'Yser, la Lys et l'Escaut. Condé recule, Condé vacille. Difficile de prendre l'entière mesure des événements liés à la maladie de Louis XIV, en ce lendemain de la bataille des Dunes. Ce qui apparaît évident, c'est que la dimension du personnage ressort grandie d'un tel drame. La dignité, le sang-froid manifestés par ce jeune homme à l'article de la mort ne manqueront pas de marquer l'Europe.

Par ailleurs, Louis XIV ne va pas tarder à savoir combien, lorsqu'il était au plus mal, son frère, Monsieur, a fait l'objet d'une cour éhontée, certains – certaines plutôt, car le coup avait pour instigatrices des dames de la Cour – envisageant déjà sa succession, chassant en songe le cardinal de Mazarin pour le remplacer par le brillant et retors cardinal de Retz… Heurté par ces révélations, meurtri même, le monarque en voudra bien injustement à son frère, et se montrera dorénavant jaloux d'un pouvoir qu'il voudra sans partage.

Aux petits soins

L'époque est celle d'une lutte sourde, au sein du corps médical, entre partisans d'une médecine dite « chimique » et tenants de la traditionnelle médecine « galénique » – c'est-à-dire héritière de l'antique Galien. Disons, pour simplifier les choses, que la première intègre des préparations composites et audacieuses, comme les émétiques, quand l'autre s'en tient pour l'essentiel aux deux panacées si bien moquées par Molière : la purgation et la saignée... L'adoption, à Calais, en 1658, du remède radical prôné par Du Saussoy constitue un pas décisif en faveur de la pharmacopée nouvelle.

Le réveil difficile de Calais

Néanmoins, en recouvrant la santé, alors qu'un carrosse aménagé en une sorte d'ambulance le conduit à Fontainebleau, Louis apprend de plus douces nouvelles. On l'informe des craintes et des larmes manifestées par les uns et les autres, singulièrement par une jeune personne déjà bien en cour, l'une des nièces du cardinal et qui, dans l'occasion, n'a pu cacher son désespoir. Le roi, toujours maître de lui-même, ne laisse rien paraître ; mais dans son cœur, la place est déjà toute faite pour Marie Mancini.

Dans la ville de Calais, les habitants, hier encore ivres de joie, ont repris le cours de leurs activités. La Cour, nul ne l'ignore ici, a laissé en partant un souvenir de son passage : en effet, les halles, transformées en écuries, ont brûlé par la faute d'un palefrenier négligent et ne sont plus, en plein cœur de la ville, qu'une ruine calcinée, fumante… Les échevins, pleins d'espoir, demanderont au roi, bien respectueusement, une juste indemnité ; mais par un effet de l'ingratitude qui, dans l'Histoire, caractérise les « grands », tout dédommagement leur sera refusé.

L'Espagne, mise en difficulté par ce nouveau revers, sera bientôt contrainte de signer le traité des Pyrénées (7 novembre 1659), dont les principaux négociateurs seront Mazarin et Luis Mendez de Haro. Peut commencer le règne de celui qu'un jour on appellera le Grand Roi.

9

CARTOUCHE, L'ENNEMI PUBLIC NUMÉRO 1 DE LA RÉGENCE

Le 28 novembre 1721, un jeune Parisien est mis à mort. Son crime ? Avoir volé les riches pour donner aux pauvres... Un air de déjà-vu qui le mènera au panthéon des voleurs. Même si, comme on va le voir, il y a loin de la légende à la réalité.

Pas moins de six pistolets attendaient sur le chevet du redoutable bandit, lorsqu'il est arrêté, un peu avant midi, le 15 octobre 1721. Heureusement pour les assaillants, il n'a pas eu le temps de réagir... Cet homme que la France entière recherchait est en effet pris par surprise, grâce à la collaboration d'un de ses plus fidèles lieutenants. Au cabaret du Pistolet – cela ne s'invente pas –, dans le quartier de la Courtille, entre Belleville et Ménilmontant. Le brigand n'a pas vu le coup venir ; assis sur le lit du cabaretier, il était occupé, tout tranquillement, à ravauder une culotte ! On l'arrête donc, on le ligote et, pour marquer l'opinion publique, on le fait marcher en chemise jusqu'au Châtelet, les mains liées et les pieds nus. Mais qui est-il, au juste, ce Louis-Dominique Cartouche ?

Une jeunesse houleuse

Le célèbre ennemi public est né à Paris, vingt-huit ans plus tôt, dans la famille d'un tonnelier d'origine allemande, réputé pour sa droiture. Aîné de trois garçons, il est loin de suivre les traces paternelles ; quoique admis au collège de Clermont, chez les Jésuites, établissement de la meilleure société, il s'y fait surtout remarquer par sa propension à chaparder. Du reste, il n'a pas 12 ans lorsqu'une correction trop sévère de son père l'amène à fuguer. La tradition veut qu'il ait alors croisé la route d'une troupe de Tsiganes et s'y soit fondu comme en un milieu d'élection. L'adolescent y apprend sans doute à jongler et à manipuler des cartes ; à se faire détrousseur, aussi… On le retrouve plus tard en Normandie, prêt à se faire mousse à bord d'un vaisseau, lorsqu'il est reconnu – étonnant hasard – par un oncle de passage à Rouen pour affaires. C'est ce dernier qui le ramène à Paris, chez ses parents, et lui offre une occasion inespérée de rentrer dans le droit chemin paternel. Apprenti tonnelier, le jeune Louis va se montrer un temps aussi consciencieux qu'il était, enfant, difficile et rebelle.

Mais c'est l'amour qui, cette fois, va faire dévier sa nature instable. La jeune fille s'appelle Lison – ou Lisette ; elle est jolie, peu farouche et, surtout, dépensière. On dit que c'est pour assouvir les désirs de sa belle que Louis aurait renoué avec ses mauvaises habitudes… « Sa dextérité, écrit l'avocat et historien Henri-Robert, était si merveilleuse que les bourses, les tabatières, les bonbonnières, les montres, les bijoux, habilement subtilisés, ne tardèrent pas à alimenter tous les besoins d'argent qu'il pouvait avoir pour contenter les désirs de Lisette. »

La volte des identités

Le père Cartouche, pas aveugle, s'exaspère du manège de son fils aîné… Et d'autant plus que, reconnu par un grand bourgeois qu'il avait dévalisé naguère – et qui devait devenir son beau-frère ! –, Louis fait échouer le mariage de sa sœur. Comme c'est alors l'habitude dans les familles troublées par un mauvais élément, le brave tonnelier réclame – et obtient – de l'administration royale une lettre de cachet ordonnant l'incarcération du jeune tire-laine à Saint-Lazare. Reste à piéger l'oiseau ; son père le fait monter dans une voiture de louage, au prétexte d'une course urgente… Cartouche pressent la manœuvre et s'échappe tout juste avant d'atteindre la maison de correction. Il n'y aura plus, cette fois, de retour possible.

Enrôlé, sous un faux nom, comme laquais chez le marquis de Saint-Acre, il inquiète par la constance de ses gains à toutes sortes de jeux de cartes, et se voit interdire l'entrée de différents tripots. Comment, dès lors, trouver de quoi vivre ? Contraint par la police à devenir indicateur, il se fait, par la suite, adjoint d'un sergent recruteur – jusqu'à ce que celui-ci, profitant d'un soir d'ébriété, ne l'enrôle à son insu…

Alors, on voit le jeune homme faire contre mauvaise fortune bon cœur. Espérant trouver, sur les champs de bataille d'Espagne, une respectabilité qui, jusqu'alors, lui a fait défaut, il se montre courageux et habile au feu. La guerre achevée, Louis finit par rentrer au pays. Il rejoint alors, parmi d'autres soldats congédiés, une troupe de bandits opérant sur la Loire. Un soir de beuverie, son « capitaine » lui lance : « Sais-tu, Cartouche, que tu pourrais arriver facilement à la tête de cette compagnie ? Figure-toi que je ne sais pas nager ; si tu me jetais au fleuve, j'y serais englouti très sûrement ! » Pourquoi donner de telles idées à un homme qui pourrait les mettre en application ? Cartouche bascule le brigand dans la Loire. Ainsi devenu chef de bande, on le retrouvera bientôt à Paris – le Paris joyeux et désordonné de la Régence… Le « système » financier mis en place sur les conseils du banquier écossais John Law donne alors aux spéculateurs un sentiment de toute-puissance ; quantité d'agioteurs, attirés par l'appât du gain, sont la proie d'aigrefins et de marlous… Pour un soldat congédié sans solde, au demeurant fort doué pour la combine, la tentation est forte. Recrutant sa propre bande de complices et d'hommes de main, Cartouche ne tarde pas à mettre sur pied sa petite organisation criminelle. Bien encadrée, bien commandée. Ceux qu'on ne tardera plus à nommer les « cartouchiens » seront bientôt 2 000 et plus.

Des complices partout

Receleurs, trafiquants, mouchards viennent se joindre, au gré d'opérations juteuses, à cette armée du crime, ainsi que des intendants de fortune et même quelques chirurgiens complaisants… Bientôt, il n'y aura plus dans Paris de grande maison, d'hôtel fortuné, dont les « gens » n'aient été plus ou moins subornés ; des complices se recrutent jusque dans le personnel des ministres ou du lieutenant de police ! Le Régent en personne ne fait-il pas les frais de larcins opérés sur ordre de Cartouche, au profit de Cartouche ? On comprend que l'ancien apprenti tonnelier, devenu grand personnage à sa manière, irrite les puissants et réjouisse les humbles.

D'autant plus que la rumeur publique se met à lui prêter de beaux gestes envers la veuve et l'orphelin… Sans se faire justicier pour autant, et sans pouvoir prétendre au statut d'un moderne Robin des Bois, Louis s'impose, il est vrai, comme le vengeur naturel des laissés-pour-compte. On raconte, entre mille anecdotes, la mésaventure d'une vieille dame, la maréchale de Boufflers en personne – veuve d'un des grands capitaines du précédent règne. Un soir d'été où elle se trouve seule en ses appartements, au premier étage de son hôtel, près d'une fenêtre grande ouverte, un jeune homme svelte en profite pour sauter dans la chambre. On s'émeut :

« Enfin, Monsieur, que signifie ?! Je ne vous connais pas…

— Ah, pardon, Madame la Maréchale, mais certainement vous me connaissez – au moins de réputation : je suis Cartouche… et votre serviteur.

— Au… Au secours !

— De grâce, ne criez pas, je ne vous ferai aucun mal. Je cherche seulement un gîte pour la nuit, traqué que je suis par la police. N'appelez pas, Madame, ce serait inutile : toute votre demeure a été circonvenue par mes hommes. Je vais donc me coucher dans le lit de veille de votre femme de chambre. Avant cela, je vous demanderai, s'il vous plaît, de bien vouloir sonner et de me faire monter par votre maître d'hôtel un quart de poulet froid et du vin de Champagne. En attendant, je passe dans le cabinet d'à côté. »

La vieille maréchale, interdite, croit raisonnable d'obtempérer. On apporte l'en-cas demandé, non sans un certain étonnement… Cartouche remercie sa discrète hôtesse, se montre joyeux et plein d'esprit. Trouvant toutefois le champagne ordinaire, il se permet de vanter celui qu'il a dérobé naguère dans les caves du financier Pâris-Duverney : « Je prendrai la liberté, dit-il, de vous en faire livrer un panier de cent bouteilles. » Ce qui, effectivement, sera fait… après que le chef des bandits aura passé, dans son lit d'appoint, une nuit confortable. Le plus drôle est peut-être que, plus tard, l'histoire s'étant ébruitée, Pâris-Duverney ait osé faire demander à Mme de Boufflers son cent de bouteilles ! Elle refusera de les rendre, estimant « les avoir bien gagnées » ; et la justice lui donnera raison.

Derrière la légende…

Ce genre d'historiettes, on s'en doute, fera beaucoup pour donner de Louis-Dominique Cartouche une image aimable et même charmante. C'est celle qu'a voulu conserver le cinéma, sous les traits facétieux de Jean-Paul Belmondo. La vérité oblige à dire, hélas, que de tels épisodes sont l'exception qui confirme la règle nettement moins agréable d'un bandit nerveux, cruel, sans états d'âme. Certes, une partie des agressions visent les enrichis et parvenus de la Régence ; cela n'ôte rien à leur violence, ni à l'horreur qu'elles répandent.

Devenu l'homme le plus recherché du royaume, Cartouche est d'abord arrêté en 1720 et conduit à la prison parisienne de For-l'Évêque (sise dans l'actuelle rue Saint-Germain-l'Auxerrois – Ier arrondissement). Après avoir déchiré le procès-verbal de son interrogatoire, il parvient à s'évader à la barbe de ses gardiens ! Encore un épisode assez joli : la procédure judiciaire en vigueur prévoit, en cas d'évasion d'un prévenu, ce que l'on appelle le « cri public », une annonce légale clamée par l'huissier de la chambre criminelle, en trois points distincts de la ville. Étant donné le caractère dangereux du fugitif, on a cru prudent, cette fois, de faire entourer le crieur public de tout un cortège en armes. Incroyable mais vrai : Cartouche se présente néanmoins en personne au carrefour de la Croix-Rouge et interrompt impunément la troisième déclamation...

Il est vrai que le bandit bénéficie, partout dans la population, de tant de complicités ! Pourtant, le temps passant, « l'armée » de Cartouche va perdre de son unité, de sa discipline. La nervosité du chef allant jusqu'à des crises de démence, on voit ses propres lieutenants se mettre à se méfier de lui et différer le soin de transmettre ses ordres. Le doute s'installe. Les échecs se font de plus en plus nombreux... Jusqu'au soir fatidique où Cartouche et ses principaux complices vont se laisser encercler, par négligence, en la nasse de l'hôtel Desmarets. Réfugiés dans le salon qu'ils ont barricadé, les cartouchiens y subissent un véritable siège. Certes, le chef va parvenir à s'échapper, mais la confiance qu'on lui témoignait diminue à vue d'œil.

Un régime décrié

L'incroyable fortune de Louis-Dominique Cartouche (1693-1721) s'explique en partie par un contexte historique délétère. À la mort de Louis XIV, en 1715, son neveu, Philippe d'Orléans, n'est pleinement devenu régent de France qu'en faisant casser par le parlement de Paris le testament du feu roi. Ce reniement se paie au prix de concessions importantes à un pouvoir nobiliaire jusqu'alors jugulé depuis près d'un siècle. Le système de gouvernement collégial instauré par le Régent – la polysynodie – a pour effet, par ailleurs, de déstabiliser gravement la vieille administration royale. Quant aux initiatives financières inspirées par l'Écossais John Law pour rétablir des finances catastrophiques, elles aboutissent à la banqueroute et à l'une des plus graves crises qu'ait traversées l'Ancien Régime. Cela n'empêche pas les mieux placés, parmi les spéculateurs, de constituer rapidement des fortunes sans précédent, véritables appels au crime... À ces défis insurmontables, c'est au demeurant un pouvoir discrédité qui doit faire face : la chute brutale du prestige de la Cour, le relâchement des mœurs, la multiplication des excès dans tous les domaines et la faiblesse relative de la police contribuent, à des degrés divers, à une perte de repères qui favorise toutes les dérives.

Régner par la terreur

Cartouche, dépourvu désormais du peu de sang-froid qu'il possédait encore, va régner par la terreur. Il ne cesse de se venger des uns, de faire des autres un exemple...

Un de ses principaux lieutenants s'appelle Du Châtelet ; c'est lui qui, ayant été retourné par les forces de police, va venir trouver Cartouche en son antre de la Courtille…

Pour autant, l'affaire n'est pas close. Car notre homme trouve encore le moyen, avec la complicité d'un compagnon de captivité, de fuir sa cellule en passant par les caves ! Trahi par l'aboiement d'un petit chien sur son passage, il est alors rattrapé par le guet, couvert de chaînes et remis sous les verrous. A-t-il, à tout le moins, perdu de sa superbe ? Au contraire ! Certainement persuadé d'être libéré sous peu par les siens, il affiche, à la face des magistrats, une morgue qui n'a d'égal que son refus de coopérer.

Finalement condamné à mort, il doit être exécuté le 27 novembre 1721 – après avoir subi les questions ordinaire et extraordinaire. Une déformation de l'estomac lui ayant épargné le supplice de l'eau, on va le soumettre à celui, non moins atroce, des brodequins (des planches qui, lentement serrées, broient les jambes du supplicié). En vain. Puis on le conduit, pour lui faire subir en public le supplice de la roue, à un grand échafaud dressé sur la place de Grève. Une foule grisée trépigne dans l'attente de l'ignoble spectacle à venir. C'est alors, tout de même, que l'on voit Louis perdre contenance : « Voilà un vilain aspect », déclare-t-il d'une voix blanche.

Pour gagner du temps, il décide de parler. « Il n'avait plus rien à attendre que la mort horrible, écrit Henri-Robert, la mort ignominieuse. Alors, se voyant définitivement abandonné de tous, trahi dans sa dernière espérance, cet homme étonnant que ni la prison, ni la torture, ni les habiletés des juges, ni les objurgations de son aumônier, ni les supplications de sa mère en larmes n'avaient pu fléchir, cet homme soudain s'abandonna et, mû par la rage, déclara qu'il était prêt à faire des aveux complets, à livrer tous ses complices. » Des complices coupables, à ses yeux, de n'avoir pas tout tenté pour le délivrer…

Les personnes citées par Cartouche sont immédiatement arrêtées, chaque fois que possible, et conduites devant lui pour une ultime confrontation. Ainsi va-t-il nommer, nous dit Barbier, « une fort jolie fille qui était sa maîtresse et il dit à son rapporteur, lorsqu'elle fut arrivée, qu'il n'avait rien à déclarer contre elle, que c'était pour la voir, l'embrasser et lui dire adieu ». Finalement, le bandit sera roué vif avec une journée de retard, devant une foule qui, malgré le froid, a tenu le pavé. On l'étrangle avant de le placer sur la roue. Après quoi, plusieurs jours de suite, les aides du bourreau exhiberont son corps dans un baraquement spécial, faisant payer l'entrée cinq sols.

Le supplice de la roue

C'est certainement l'un des plus infamants et des plus inhumains de l'arsenal punitif de l'ancienne France. Dans un premier temps, le condamné est dévêtu puis couché sur une croix de Saint-André, lié par les poignets et les chevilles ; le bourreau lui broie les jambes, les bras et les côtes à coups de barre de fer. Après quoi, le supplicié est ligoté sur une petite roue de carrosse horizontale, tournant sur un essieu, les mains et les pieds ramenés sous le corps, jusqu'à ce que mort s'ensuive. Il arrive que, dans un relatif souci d'humanité, le malheureux soit garrotté – c'est-à-dire étranglé – sitôt son corps mis sur la roue.

10

L'ATTENTAT DE DAMIENS CONTRE LOUIS XV

Après l'agression contre Henri II d'un dénommé Caboche, l'assassinat d'Henri III par le dominicain Clément et celui de son successeur par Ravaillac, on n'a plus connu, pendant un siècle et demi, d'attentat contre un roi de France. C'est dire si le coup porté par Damiens à Louis XV a surpris les contemporains.

À Versailles, un climat de guerre a terni le Noël 1756 et le Nouvel An 1757. Guerre à l'extérieur contre l'Anglais, depuis que s'est opéré, sous l'égide de Mme de Pompadour, le plus surprenant des retournements d'alliance : désormais, la France des Bourbons va faire amie-amie avec l'Autriche des Habsbourg ! Guerre surtout à l'intérieur, le parlement de Paris et d'autres cours souveraines – le parlement de Rouen, celui de Bordeaux et celui de Rennes notamment – s'étant lancés dans un bras de fer avec la monarchie.

Dans la caste parlementaire, avide de pouvoir et d'autonomie, le nom de Louis XV est devenu synonyme de tyrannie… Et, pour la nouvelle année, nombreux sont les cénacles élégants où l'on n'a pas bu à la santé du roi mais à son malheur.

Qu'importe ! La France aime les réjouissances carillonnées ; et le 6 janvier, jour de l'Épiphanie, les pâtissiers ont concocté la traditionnelle galette ; les marchands de volaille ont bourré leurs devantures de chapons gras et de poulardes. On s'apprête partout à « tirer les rois » – y compris à la Cour. Le roi Louis XV a 47 ans ; il est plus beau, plus majestueux que jamais – même s'il traîne avec lui, depuis quelque temps, un air de lassitude. Sa Majesté s'est retirée pour quelques jours à Trianon, plus tranquille que le Versailles de son aïeul, et surtout plus facile à chauffer par grand froid. Car il gèle à pierre fendre en ces premiers jours de 1757 ; le givre et la glace blanchissent les bâtiments de Mansart et les perspectives de Le Nôtre.

Dans l'après-dînée de ce 6 janvier, le roi, père attentif, s'est vêtu chaudement et s'est fait conduire au grand château pour embrasser une de ses filles, demeurée à Versailles. Madame Victoire de France était en effet trop grippée pour avoir suivi la Cour. Louis XV a effectué ce petit déplacement en compagnie du dauphin. Avant de regagner Trianon, il passe une vingtaine de minutes avec son fils dans son cabinet d'angle pour y consulter des plans de chasse. À présent, il n'est pas loin de 6 heures ; déjà la nuit s'installe, plus glaciale que jamais. Dehors, valets de pied et gardes françaises ont allumé des flambeaux entre le vestibule et le carrosse du roi, qui attend pour repartir, à l'entrée du passage menant au parterre du Nord.

Affolement général

Le roi Louis, ayant le dauphin à sa gauche et derrière lui le duc d'Ayen, capitaine de ses gardes du corps, redescend déjà son escalier privé – le Petit Degré. Il traverse d'un bon pas le vestibule et, toujours emmitouflé, sort pour regagner sa voiture à la lueur des torches. C'est alors qu'une silhouette intruse se fraie un passage et, comme une ombre surgie de tout ce monde hostile, se précipite vers le monarque et le bouscule. L'inconnu n'a pas ôté son chapeau ; le capitaine des gardes le lui fait sèchement observer. « Duc d'Ayen, l'interrompt le roi, on vient de me donner un coup ! » L'agresseur est aussitôt maîtrisé. Tout va vite. Louis XV, ayant porté machinalement la main à son côté, la retire ensanglantée. « Je suis blessé, lance-t-il, arrêtez donc cet homme ! »

Choqué, le roi conserve la présence d'esprit d'en appeler à la sécurité du dauphin. Plus tard, on affirmera qu'il a voulu faire ainsi diversion pour qu'on ne tue pas le coupable – impossible à la vérité de saisir, dans l'affolement général, ses vraies motivations... On soutient le roi pour le remonter chez lui, au premier étage, tandis qu'il réclame déjà un prêtre et un chirurgien. « Je n'en reviendrai pas », soupire-t-il.

En le déshabillant, l'on constate que du sang a coulé largement sur sa chemise. La chambre n'ayant pas été préparée, l'on étend Louis à même le matelas. En l'absence du chirurgien La Martinière, pour l'heure à Trianon, c'est celui de la dauphine qui accourt prodiguer les premiers soins. Le roi, heureusement pour lui, portait plusieurs épaisseurs de futaine, de soie, de velours. De sorte que la blessure, entre la quatrième et la cinquième côte – du côté droit, loin du cœur – se révèle assez superficielle. La première saignée n'en provoque pas moins chez le patient une légère perte de connaissance, et l'on envoie l'aumônier de quartier quérir les saintes huiles. Arrive enfin La Martinière, qui sonde la plaie et rassure tout le monde – tout le monde, sauf le roi.

L'agresseur n'a fait usage que d'un canif pliant à deux lames ; or il a choisi la plus petite : 8 de nos centimètres. Reste l'éventualité d'un empoisonnement de cette arme modeste – elle sera bientôt écartée. Pendant que commence l'enquête, l'abbé Soldini entend Sa Majesté en confession pendant près d'une heure, seul à seul avec lui sous les grands rideaux du baldaquin. Le confesseur en titre prendra plus tard le relais, après que la reine et Mesdames, éplorées, saisies d'angoisse, seront arrivées de Trianon… Affreuse nuit.

Une cellule tristement célèbre

L'attentat ayant été commis au sein d'une résidence royale, la conduite de l'enquête relève *a priori* d'une juridiction spéciale : la prévôté de l'hôtel. L'agresseur doit donc être détenu dans une geôle du bailliage de Versailles. Mais, dans un premier temps, c'est au rez-de-chaussée du château, dans l'antichambre du capitaine des gardes, qu'il a été poussé sans ménagement. On l'interroge, on le moleste, on apprend sans peine qu'il se nomme Robert François Damiens, est âgé de 42 ans, sert comme laquais dans diverses maisons, vient de l'Artois, où son père était un fermier déclassé. Sur ordre du garde des Sceaux, Jean-Baptiste Machault d'Arnouville, on fait rougir des pinces pour lui brûler les pieds – inutile cruauté : Damiens, qui parle sans qu'on l'y force, affirme avoir agi seul ; il n'en démordra jamais.

Toute la nuit, des messagers partent de Versailles à destination des grandes villes du royaume et des cours d'Europe. À Paris, la terrible nouvelle survient à l'heure de se mettre à table. Elle a pour effet immédiat d'interrompre la fête des Rois et jette une partie de la population dans les rues. « Paris près d'être pris d'assaut n'aurait pas été plus agité, raconte le mémorialiste Dufort de Cheverny. Toute la nuit, on n'entendit que rouler des voitures et partir des courriers. » Une foule s'étant assemblée dans la cour du gouverneur de la capitale, on y fait brûler des bûchers pour lutter contre le froid.

Obscures Lumières

Certains auteurs ont cru pouvoir relier l'attentat de Damiens contre Louis XV au scandale le plus trouble du siècle : l'affaire dite « de l'hôpital général ». Il s'agit de la mise au jour, au tournant des années 1750, d'un puissant et souterrain réseau de prostitution d'enfants. S'il devait s'avérer que la fille de Damiens ait compté au nombre des victimes, cela ferait de lui une sorte de vengeur... Cependant, le lien direct entre ce dossier sinistre et le régicide lui-même n'a pu être vraiment établi. Ce qui semble évident, en revanche, c'est que le climat délétère instauré par cette affaire n'est pas étranger à la fièvre qui semble s'être emparée de l'esprit affaibli de l'agresseur. En fin de compte, le crime de Damiens, lèse-majesté par excellence, peut apparaître comme le révélateur de tensions malsaines au plus profond de la société des Lumières.

« La consternation était générale, tout le monde était en pleurs dans les églises », note l'avocat Barbier. En effet, à l'instar de ce qui s'est produit en 1744, lors de la maladie du roi à Metz, les braves gens, émus, viennent spontanément prier pour la survie du souverain – du moins jusqu'à ce que parviennent, dans la matinée du vendredi 7, des nouvelles rassurantes.

Louis XV, naturellement, est tenu informé de cet élan d'émotion populaire ; mais il n'y trouve qu'un maigre réconfort. Le geste de Damiens illustre jusqu'où peut aller la haine que lui voue toute une frange de l'opinion ; surtout, le Roi Très-Chrétien se convainc rétrospectivement d'être passé près de l'enfer. Ne mène-t-il pas en secret la plus dissolue des vies privées ? Au chirurgien qui constatait que la blessure n'était pas profonde, il a répondu : « Elle l'est plus que vous croyez, car elle va jusqu'au cœur. » La culpabilité aidant, ce coup de canif sacrilège a ravivé en lui des idées noires jamais évanouies. Le duc de Luynes l'affirme : « Il est très certain qu'il a dit qu'il voudrait qu'il lui en eût coûté un bras et que ceci ne fût pas arrivé. »

Chez la marquise

La Cour, inquiète, fait le siège de l'appartement privé de Sa Majesté. On murmure, on s'interroge du regard… La plus touchée par la situation est celle qui a tout à perdre à l'affaire : la favorite en titre, celle que ce pays-ci n'appelle que « la marquise ». Mme de Pompadour, recluse dans son appartement du rez-de-chaussée sur le parterre du Nord, fait les cent pas et se ronge les sangs. Et si le roi la renvoyait, exactement comme il avait congédié, à Metz, Mme de Châteauroux ? Ses amis peinent à la rassurer. Un matin, la maréchale de Mirepoix surprend la marquise au milieu d'un fatras de bagages. « Qu'est-ce donc, Madame, que toutes ces malles ? Vos gens me disent que vous partez ? — Hélas, ma chère amie, le Maître le veut, à ce que m'a dit M. de Machault… — Et son avis à lui, quel est-il ? — Que je parte sans différer. — Votre garde des Sceaux veut être le maître, et il vous trahit. Qui quitte la partie la perd. »

Conseil salutaire d'une amie bien inspirée : quelques jours plus tard, le roi réservera sa première visite à Mme de Pompadour, qu'il viendra, en robe de chambre, surprendre chez elle ! Et c'est Machault d'Arnouville qui fera les frais de son zèle ; le roi le congédiera, de même qu'un autre ministre, le comte d'Argenson, ennemi déclaré de la favorite. De sorte qu'il est permis de les regarder tous deux comme des « victimes collatérales » de l'attentat…

Mais que devient celui par qui l'impensable est arrivé ? Robert François Damiens semble à présent confus de la secousse qu'il a générée. Il a fait transmettre à sa victime une lettre assez touchante, accablante à vrai dire pour un certain nombre de parlementaires qui, sans le savoir ou le vouloir expressément, lui ont inspiré son geste insensé… Oui, plus on l'interroge, et plus il apparaît que ce pauvre hère s'est laissé exalter par la colère ambiante ; à force de servir, en tant que laquais, dans les milieux parlementaires, Damiens a fini par faire siennes les imprécations incessantes qu'il a pu y entendre à l'encontre du souverain, et les malédictions de toutes sortes. Jusqu'à les prendre au pied de la lettre… Par quel accès de folie est-il passé à l'acte ? Les transgressions de cet acabit conservent leur part de mystère…

Des révélations gênantes

Damiens quitte Versailles ; la prévôté ayant achevé d'instruire, on le transfère à Paris dans la nuit du 17 au 18 janvier. À la Conciergerie, la cellule qui l'attend est celle où l'on avait jeté Ravaillac, au siècle précédent. Comme si le sort de l'accusé était déjà scellé… De son côté, Louis XV ferait grâce, bien volontiers, à celui qu'il se complaît à nommer « ce monsieur » ; la lettre patente de renvoi le précise : « Les sentiments de religion dont nous sommes pénétrés et les mouvements de notre cœur nous porteraient à la clémence. Mais nos peuples, à qui notre vie n'appartient pas moins qu'à nous-mêmes, réclament de notre justice la vengeance d'un crime commis contre des jours que nous ne désirons conserver que pour leur bonheur. » Autrement dit, il faut compter avec l'émotion populaire ainsi que, disons-le, avec le zèle hypocrite des parlementaires. En effet, les révélations faites par Damiens à propos de la haine de ces messieurs envers le roi sont à la fois si graves et si gênantes qu'il convient sans doute d'étouffer le scandale en confiant le jugement du coupable à la Grand-Chambre du parlement de Paris.

De fait, il apparaîtra bientôt que celle-ci, obsédée du besoin de se dédouaner, a bien l'intention de réserver au « régicide » la sanction la plus terrible, la plus cruelle de l'arsenal judiciaire. Robert François, après avoir reçu les questions ordinaire et extraordinaire, et avoir fait amende honorable, devra être tenaillé en diverses parties du corps, puis « démembré à quatre chevaux », en place publique. Supplice atroce, interminable.

Dans sa magistrale biographie de Louis XV, Michel Antoine n'hésite pas à l'écrire : « Cette dureté impitoyable […] visait à faire de Damiens un bouc émissaire, innocentant la magistrature de ses péchés. En outre, ces châtiments horribles semblaient l'application de coutumes pénales des peuples barbares qui avaient jadis envahi la Gaule et cette référence "au temps de nos rois germains" devait plaire à certains des juges. » Une telle rigueur n'empêche nullement les parlementaires de tenir ferme sur leurs revendications d'indépendance face au pouvoir royal ; ceux qui avaient cru que les magistrats profiteraient de l'occasion pour amoindrir leurs revendications en seront pour leurs frais… Que l'on punisse Damiens, soit ; mais surtout que personne ne songe à réhabiliter celui qui n'est plus le Bien-Aimé.

Les parlements

Dans l'ancienne France, le premier parlement est fondé à Paris, auprès du roi, au milieu du XIIIe siècle ; c'est un conseil judiciaire chargé de statuer en dernier ressort. Deux siècles plus tard, cette cour devient le parlement de Paris, pour la distinguer des parlements constitués dans les grands fiefs du domaine royal : Dole, Toulouse, Bordeaux, Grenoble, Dijon, etc. Outre leurs attributions judiciaires, les parlements acquièrent un droit d'enregistrement des édits royaux et surtout un droit de remontrance, ce qui leur confère une dimension politique. Muselés sous Louis XIV, ils vont se dresser, à la faveur de la Régence, contre le pouvoir royal, et miner le règne de Louis XV. Ils s'opposent tout spécialement aux réformes fiscales affichant le principe d'une égalité devant l'impôt. Début 1757, la tension est à son comble entre Versailles et plusieurs parlements – on les appelle alors « cours souveraines » ou « cours supérieures ». L'année qui vient de s'écouler a vu plusieurs de ces cours, à commencer par celle de Paris, engager un bras de fer avec le roi. Depuis le 13 décembre – date d'un lit de justice, c'est-à-dire une séance en présence du monarque, où le parlement de Paris est obligé d'enregistrer ce qui lui est présenté –, de nombreux magistrats ont remis leur démission ; faute de magistrats pour en présider les débats, les tribunaux parisiens sont dès lors empêchés, la justice n'y est plus rendue.

11

SCANDALE SUR LA *BOUDEUSE*

Le 2 avril 1768, après seize mois de navigation autour du monde, les marins du comte de Bougainville peuvent enfin relâcher sur une terre enchanteresse : Tahiti. Quand ils repartent, une curieuse affaire éclate à bord...

Jamais avant lui aucun Français n'avait effectué, à proprement parler, le tour du monde. Contemporain de James Cook et, comme lui, grand navigateur, le comte Louis Antoine de Bougainville (1729-1811) n'était pourtant pas, c'est le moins que l'on puisse dire, enfant de Neptune et d'Amphitrite. Fils d'un notaire au Châtelet et d'une Parisienne installée par son frère, le financier d'Arboulin, dans l'orbite de la marquise de Pompadour, le jeune garçon, tôt orphelin de mère, eut la grâce d'être protégé par la huppée Mme Hérault de Séchelles, fille du contrôleur général des Finances. Il devait longtemps correspondre avec elle, assez en tout cas pour fournir à ses biographes cent détails sur sa jeunesse. D'abord avocat au Parlement, il avait tout pour s'édifier une carrière la plus éclatante ; du reste, son père le voulait magistrat – à tout le moins auteur en vue, comme son grand frère l'académicien.

Les armes le poussent vers d'autres horizons. Pendant la guerre de Sept Ans (1756-1763), notamment au Canada comme aide de camp de Montcalm, il est blessé deux fois. Partout il fait la preuve d'un sens aigu de la stratégie et d'un esprit de décision qui laissent augurer de beaux commandements. La paix de 1763 aurait dû le rendre à son foyer ; mais, sur les instances du prince de Condé, le voici voguant vers les Malouines avec deux vaisseaux, en tant que capitaine de frégate.

En vérité, cela fait déjà sept années que Louis Antoine voulait se faire marin – un de ces marins avertis et lettrés, frottés de géographie et de botanique, comme il se doit au siècle des Lumières. Formé aux mathématiques par d'Alembert en personne, on le voit, à seulement 22 ans, écrire le premier volume de son *Traité du calcul intégral*. D'une nature accorte, d'un esprit que l'époque aurait qualifié de délié, le jeune aristocrate se révèle aussi charismatique – il y a chez lui l'étoffe d'un meneur d'hommes. Et lorsque, plus tard, à la tête d'équipages épuisés, il lui faudra exiger de ses marins des sacrifices hors normes, ces heureuses dispositions feront la différence.

La fine fleur du XVIIIe siècle

En attendant, sa grande ambition, partagée par les beaux esprits du temps, recoupera bientôt celles de l'administration royale : s'en aller reconnaître, baliser et pourquoi pas coloniser, pour le compte de Sa Majesté Très-Chrétienne, les confins inexplorés du globe, et se jeter pour cela dans la circumnavigation : entendez le tour de la planète avec pour compagnons un naturaliste, Commerson, un astronome, Véron, un cartographe, Routier de Romainville… Sans oublier l'aventurier nécessaire à ce genre d'entreprises, en l'occurrence le prince Charles de Nassau (1745-1808), qui navigue depuis l'âge de 15 ans sur les bâtiments du roi de France. La mission est donc scientifique, si l'on ose le terme, mais aussi politique et clairement nationale. Ne s'agit-il pas, en fin de compte, de contribuer à « l'avancement de la navigation et du commerce et, par cela même, au bien de la Nation » ?

Venue de Nantes et partie de Brest, sous de pesants nuages, le 5 décembre 1766, la frégate *Boudeuse* traverse en deux mois l'Océan, pour venir mouiller saine et sauve à Montevideo. Elle sera rejointe, en juin de l'année suivante, par un navire de charge, l'*Étoile*, arrivé de Rochefort à Rio de Janeiro. Pour les savants du bord, la faune locale et la flore sont un sujet d'ébahissement. Commerson repère une liane à fleurs éclatantes et la baptise complaisamment du nom de *bougainvillea*. Oui, c'est du Brésil que nous vient la fameuse bougainvillée – on dit aussi bougainvillier – aux fleurs colorées, appelée à proliférer sur le pourtour méditerranéen et à s'allier si bien au bleu de la mer Égée et au blanc de l'habitat cycladique…

Bienvenue à Cythère...

Un ordre de Louis XV l'oblige à remettre ses chères Malouines aux Espagnols afin qu'elles soient mieux protégées des Anglais. Bougainville s'acquitte de cette mission avec bien peu de joie... Le 14 novembre 1767, il met le cap au sud, au grand dam d'équipages qui, comme tous les équipages dans tous les siècles, redoutent ces latitudes australes. De fait, le navigateur doit ici composer avec les éléments : ouragans furieux et brouillards impénétrables.

Il n'en franchit pas moins le détroit de Magellan et, après deux nouveaux mois difficiles, pénibles même, d'une navigation sans escale, explore en plein Pacifique le sud d'un essaim de plusieurs dizaines d'atolls, les îles Tuamotu, qu'il baptise, à juste titre, « Archipel dangereux ». Début 1768, la *Boudeuse* et l'*Étoile* dépassent Vahitahi et Akiaki, puis Hao et Mehetia, avant de pénétrer, le 2 avril, en baie de Matavaï : à cette date, Tahiti n'est hélas plus une découverte pour les Européens, le Britannique Samuel Wallis étant déjà passé par là, huit mois plus tôt... Au moins le site est enchanteur, les couleurs ineffables, la végétation conforme à l'idée que l'on se fait du paradis terrestre – ou de Cythère, pour user d'une image païenne et polissonne, plus conforme sans doute à l'esprit du bord. Même les autochtones paraissent vouloir participer à l'envoûtement général : « Les sauvages ne paraissent pas étonnés de nous voir. Ils sont fins commerçants, mais de bonne foi, écrit Bougainville. Il est venu dans une des pirogues une jeune et jolie fille, presque nue, qui montrait son sexe pour de petits clous. » Affolement dans les rangs : « Je le demande : comment retenir au travail, au milieu d'un tel spectacle, quatre cents Français jeunes, marins et qui depuis six mois n'avaient point vu de femme ? »

« Je n'ai jamais rencontré d'hommes mieux faits ni mieux proportionnés ; pour peindre Hercule & Mars, on ne trouverait nulle part d'aussi beaux modèles », surenchérit Bougainville.

Le conte tahitien de Denis Diderot

C'est dans un périodique, la *Correspondance littéraire, philosophique et critique*, que paraît d'abord, en 1772, le *Supplément au Voyage de Bougainville*, de Denis Diderot, sous-titré « Dialogue entre A et B sur l'inconvénient d'attacher des idées morales à certaines actions physiques qui n'en comportent pas » (l'ouvrage ne sera publié en volume que sous le Directoire, en 1796). Le philosophe s'inspire très largement de la description par Bougainville de la société tahitienne pour interroger les principes régissant la vie en société, tenter de définir la loi naturelle et mettre en cause le caractère universel de la morale, ce qui faisait alors scandale.

« Bons sauvages »

Le journal du navigateur paraîtra dès 1769 sous un titre alors peu commun : *Voyage autour du monde*. Ses descriptions alimenteront d'abondance la discussion philosophique, alors très en vogue, sur l'homme naturel, et contribueront beaucoup à l'édification du mythe du « bon sauvage » ; on sait du reste le « supplément » que lui donnera Diderot. En somme, ce texte contient ce que les contemporains rêvaient de lire… À commencer par une description idyllique de la société tahitienne. « Ce n'est pas l'usage à Tahiti que les hommes, uniquement occupés de la pêche et de la guerre, laissent au sexe le plus faible les travaux pénibles du ménage et de la culture. Ici une douce oisiveté est le partage des femmes, et le soin de plaire leur plus sérieuse occupation. […] Je ne saurais assurer si le mariage est un engagement civil ou consacré par la religion, s'il est indissoluble ou sujet au divorce. Quoi qu'il en soit, les femmes doivent à leurs maris une soumission entière : elles laveraient dans leur sang une infidélité commise sans l'aveu de l'époux. Son consentement, il est vrai, n'est pas difficile à obtenir, et la jalousie est ici un sentiment si étranger que le mari est ordinairement le premier à presser sa femme de se livrer. »

Neuf jours seulement en cet éden du bout du monde… Ayant enfoui dans le sable, avant de lever l'ancre, un document proclamant l'île française au nom du roi, M. de Bougainville doit arracher ses hommes aux bras accueillants des Tahitiennes. Au passage, il emmène un jeune volontaire tahitien du nom d'Aotourou. C'est ce dernier qui va contribuer à révéler un secret jusqu'alors bien gardé à bord. Assez vite, le nouveau passager se lie en effet d'amitié avec un certain Barret, jeune domestique au service de Philibert Commerson… Son emploi auprès du naturaliste ? Barret porte « les fardeaux, les armes, les plantes, les habits, les trophées avec un enthousiasme de néophyte et un dévouement sans bornes », sert à table, entretient la cabine de son maître et, à ses heures perdues, va jusqu'à préparer le classement des collections, ne coûtant somme toute à la Marine « qu'une ration de matelot ». Aotourou se montre assidu à son égard, et prend visiblement plaisir à se laisser peigner, préparer, poudrer par l'attentionné servant – à moins qu'il ne s'agisse d'une attentionnée servante !

Un « homme féminin »

Le sourcilleux Vivès, chirurgien du bord, avait depuis longtemps flairé le coup fourré, et souligné « les soins particuliers » pris par ce « mâle domestique » pour le bien-être de son maître. « Après le premier mois, raconte-t-il, le doux repos qu'ils goûtaient fut interrompu par un petit murmure qui s'éleva dans l'équipage : il y avait à bord une fille déguisée ! On jeta sans balancer les yeux sur notre petit homme : tout annonçait en lui un "homme féminin" : une petite taille, courte et grosse, une poitrine élevée, une petite tête ronde, un visage garni de rousseurs, une voix tendre et claire, une adroite dextérité et une délicatesse qui ne pouvaient être que de son sexe, faisaient le portrait d'une fille assez laide et mal faite. Les officiers firent feinte d'ignorer ce trouble pendant longtemps, mais le bruit était devenu trop général. »

Bougainville est finalement contraint d'intervenir. Alors que l'on aborde les Nouvelles-Hébrides, il lui faut déférer aux ordonnances interdisant à toute femme de naviguer sur les vaisseaux du roi : il lui faut recevoir l'étrange domestique et le jauger… Une fois encore, c'est lui-même qui nous le raconte : « Barret, les larmes aux yeux, m'a assuré qu'elle était une fille, qu'elle avait trompé son maître en se présentant à lui sous les habits d'homme à Rochefort, au moment de son embarquement. Née en Bourgogne et orpheline, la perte d'un procès l'avait réduite à la misère. Elle avait pris le parti de déguiser son sexe. Au reste, elle savait en s'embarquant qu'il était question de faire le tour du monde : ce voyage avait piqué sa curiosité. »

Belle histoire, entièrement fausse évidemment : le chemin de Jeanne Barret – c'est son nom complet – et celui de Philibert Commerson ne se sont pas croisés juste à la veille de l'embarquement ; en vérité, il y avait belle lurette que le savant connaissait la jeune femme ; il l'avait prise à son service dès septembre 1764, et l'avait entraînée à bord en toute connaissance de cause. Le naturaliste en sera quitte pour débarquer à l'île de France – l'actuelle île Maurice – en même temps que sa complice démasquée. Ils y seront reçus par l'affable Pierre Poivre, vieille connaissance de Commerson, alors gouverneur de l'île. Quant à Jeanne, elle ne rentrera en France qu'en 1775, veuve et remariée ; elle deviendra la toute première femme de l'Histoire à avoir accompli le tour complet du globe.

Pour l'expédition Bougainville, l'interminable navigation se poursuit. À bord, la survie est depuis longtemps devenue un défi. « Les vivres étaient si pourris et d'une odeur si cadavérique que les moments les plus durs de ces tristes journées étaient ceux où la cloche avertissait de prendre des aliments dégoûtants... » On peine à se faire une idée des conditions extrêmes endurées par les marins de l'époque. Enfin, le 16 mars 1769 – après deux ans et quatre mois d'un voyage au très long cours – se dessine enfin le havre tant désiré :

Saint-Malo. Rendant hommage au « courage, au zèle et à la patience invincible » de ses officiers comme de ses équipages, M. le comte de Bougainville va pouvoir, en dépit des sept hommes dont il déplore la perte, savourer l'indicible joie du navigateur rentré à bon port, sa mission accomplie, ses cales pleines et sa réputation intacte. Quant à Aotourou, il pourra découvrir ce royaume de l'hémisphère Nord dont il comprend de mieux en mieux la langue ; tout de même, il repartira de La Rochelle en mars 1770, mais succombera en route, à Madagascar, de la petite vérole. Sans avoir pu revoir son île de Tahiti…

Le destin de la *Boudeuse*

Construite en 1765 à Indret, près de Nantes, sur des plans de Jean Hyacinthe Raffeau, la *Boudeuse* est une « frégate de douze » – c'est-à-dire équipée de 26 canons tirant des boulets de 12 livres. Ayant accompli le premier tour du monde français, elle participera, par la suite, à la guerre de l'Indépendance américaine en arraisonnant, début 1779, un sloop de la Royal Navy et en prenant part, à l'été 1779, à la bataille de la Grenade. Saisie à Toulon par les Britanniques lors de la Révolution, récupérée et envoyée à Malte, elle sera finalement démantelée en 1800 pour servir de bois de chauffe…

12

VARENNES OU LA FOLLE ÉQUIPÉE

Depuis leur confinement aux Tuileries, à l'issue des journées d'octobre 1789, Louis XVI et Marie-Antoinette n'ont cessé de subir des vexations de la part de l'Assemblée nationale constituante ; ils ont surtout été meurtris dans leur conscience par l'adoption d'une « Constitution civile du clergé », faisant des prêtres français des fonctionnaires de l'État. Longtemps, ils ont espéré un geste décisif des puissances étrangères... en vain. Une solution, jusque-là repoussée, s'impose : fuir au plus loin ce Paris révolutionnaire.

Tout a été préparé dans le plus grand secret. Depuis l'interdiction faite à sa famille d'aller passer à Saint-Cloud les fêtes de Pâques 1791, Louis XVI a fini par se résoudre à mettre de la distance entre l'Assemblée constituante et lui, et à gagner la Lorraine pour y rejoindre les troupes du marquis de Bouillé, commandant des armées de l'Est. Lui-même a fixé le départ pour la nuit du 20 au 21 juin. Ce n'est pas, pour l'époque, un petit voyage : 70 lieues depuis Paris – 286 de nos kilomètres –, soit une quinzaine d'heures de route au bas mot ! Le jeune duc de Choiseul, neveu du grand ministre de Louis XV, artisan du rapprochement avec l'Autriche, et concepteur du plan, a prévu que l'on suive la direction de Metz jusqu'à Clermont-en-Argonne, avec un relais pour les chevaux tous les 20 kilomètres. Après quoi l'on bifurquera pour emprunter jusqu'à Montmédy un chemin passant par Dun-sur-Meuse et Stenay – mais cette fois, sans relais de poste : les chevaux devront être fournis par l'armée du fidèle Bouillé… Or, c'est le bourg de Varennes qui marque la limite au-delà de laquelle les chevaux de poste devront être remplacés par ceux de l'armée.

Ce 20 juin, donc, à la nuit tombée, il convient de quitter les Tuileries. Pour n'attirer aucun soupçon, Louis XVI sacrifie à l'habituelle cérémonie du coucher ; mais sitôt seul, il se relève et, revêtant une perruque rousse et un habit de simple bourgeois, il se dirige à pas de loup, dans la nuit, vers le Petit Carrousel, point fixé pour le rendez-vous. Une heure plus tôt, la marquise de Tourzel a réveillé Madame Royale et son jeune frère, les a déguisés en deux petites filles sous prétexte d'un jeu et les a conduits jusqu'à une voiture de louage – une citadine – où ils ont retrouvé le fameux comte de Fersen ; direction : le Petit Carrousel. Là, pendant plus d'une heure, ils ont attendu que Madame Élisabeth puis le roi son frère les rejoignent ; Marie-Antoinette, s'étant perdue, arrive la dernière, en retard.

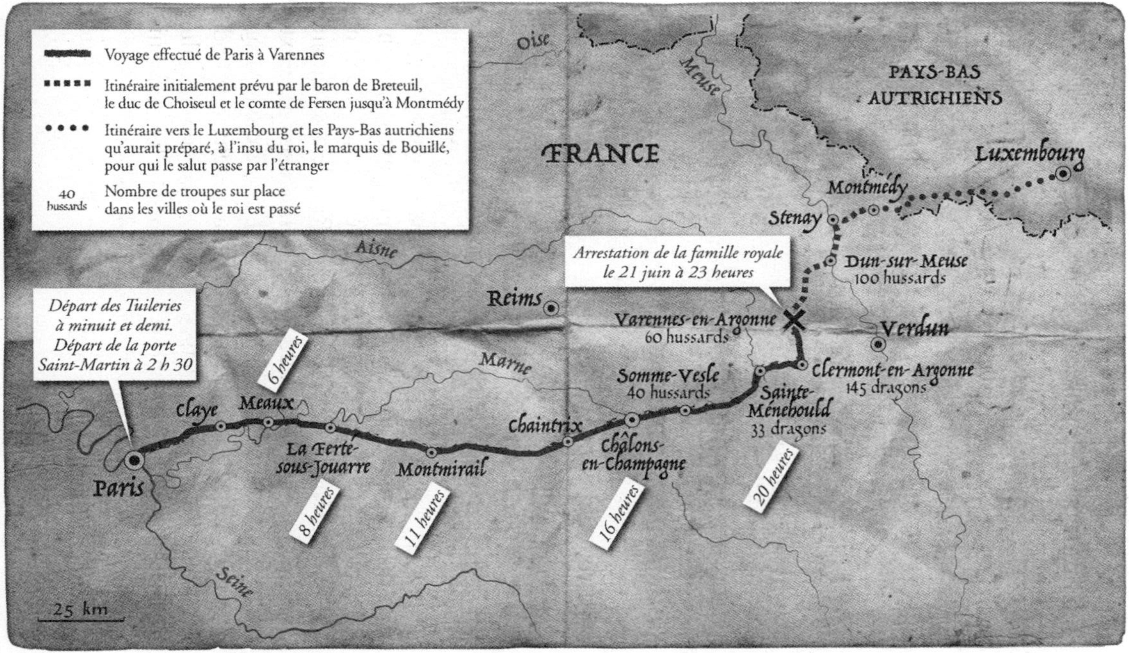
Voyage effectué de Paris à Varennes
Itinéraire initialement prévu par le baron de Breteuil, le duc de Choiseul et le comte de Fersen jusqu'à Montmédy
Itinéraire vers le Luxembourg et les Pays-Bas autrichiens qu'aurait préparé, à l'insu du roi, le marquis de Bouillé, pour qui le salut passe par l'étranger
40 hussards
Nombre de troupes sur place dans les villes où le roi est passé
Oise
Meuse
PAYS-BAS AUTRICHIENS
FRANCE
Luxembourg
Montmédy
Stenay
Aisne
Arrestation de la famille royale le 21 juin à 23 heures
Dun-sur-Meuse
100 hussards
Départ des Tuileries à minuit et demi. Départ de la porte Saint-Martin à 2 h 30
Reims
Varennes-en-Argonne
60 hussards
Verdun
6 heures
Marne
Somme-Vesle
40 hussards
Clermont-en-Argonne
145 dragons
Sainte-Ménehould
33 dragons
Claye
Meaux
Chaintrix
La Ferté-sous-Jouarre
Montmirail
Châlons-en-Champagne
Paris
8 heures
11 heures
16 heures
20 heures
Seine
25 km

Chaque minute compte

La famille réunie, la citadine gagne la porte Saint-Martin, où attend une grosse berline de voyage, de couleur verte avec les essieux jaunes. Se présentent trois gardes du corps : Malden et Moustier, qui grimpent sur la banquette extérieure avec Fersen, et Valory, qui chevauchera en avant et fera préparer les relais. L'opération accuse déjà près d'une heure de retard sur le plan initial ; or, chaque minute compte. Au relais de Bondy, Fersen fait, comme prévu, ses adieux à la famille royale. Au deuxième relais, à Claye, l'équipage retrouve deux femmes de chambre, parties en avance à bord d'un simple cabriolet. Deux heures de retard à présent – c'est beaucoup… Et cependant, alors que le soleil fait rougeoyer la campagne, Paris s'éloigne. Dans la grosse voiture, les fugitifs se détendent un peu ; le roi est de belle humeur. On a dépassé Meaux avant 8 heures – juste au moment où, aux Tuileries, éclate la nouvelle : le roi s'est enfui !

À la tête de la garde nationale, le marquis de La Fayette se doit de prendre au plus vite des mesures radicales. Dix écuyers sont envoyés dans toutes les directions possibles. C'est donc le hasard qui met un certain Bayon sur le bon itinéraire ; lui galope sans le savoir sur les traces des fugitifs, propageant à chaque relais qu'il traverse la nouvelle de la fuite royale.

Il est à peu près midi lorsqu'un maraîcher de Claye reconnaît avoir trouvé suspects une grosse berline et un cabriolet qui roulaient trop bon train aux environs de 3 heures du matin. Sa déposition recoupe celle du jeune cocher qui a conduit jusqu'à Claye la petite voiture des femmes de chambre. On admet donc à Paris que c'est la route de Verdun qu'il faut inspecter ; un peu après 1 heure, La Fayette jette alors sur cet itinéraire un de ses officiers, muni d'un décret de l'Assemblée ordonnant l'arrestation de « tous les individus de la famille royale voulant sortir du royaume ».

Les bévues de M. de Choiseul

Où en est, à ce moment précis, la berline vert et jaune ? Cahin-caha, elle gagne Châlons-en-Champagne, avec toujours plus de retard : les fugitifs accusent à présent trois heures de décalage sur l'horaire ; leur lourd convoi n'a plus que six petites heures d'avance sur ses poursuivants à cheval ! Mais, selon le plan, le roi et les siens doivent retrouver une première escorte armée à Somme-Vesle. Il est 17 h 30 quand le garde du corps Valory, qui continue d'avancer en éclaireur, se présente au point de rendez-vous, tout heureux à l'idée de rejoindre enfin Choiseul et ses 40 hussards. Hélas, il ne voit personne au rendez-vous prévu. Comment expliquer ce manquement ? Très simplement : après avoir attendu trois heures, Choiseul a supposé que le plan avait échoué et que la fuite du roi avait dû être remise ; alors il a donné l'ordre de lever le camp ! Pis encore : il a mené cette retraite par un chemin de traverse, allant jusqu'à se perdre dans une campagne qu'il connaît fort mal… Sans cette ultime bévue, Valory aurait eu une chance de le rattraper. À quoi tient parfois l'Histoire !

Circonstance aggravante pour le jeune Choiseul : étant accompagné du fameux Léonard, le coiffeur attitré de la reine, il a chargé ce dernier d'aller prévenir les détachements suivants du contrordre, liquidant tout secours militaire sur le parcours de la berline. Ce sont ainsi quelque 175 dragons qui vont se volatiliser… Aussi, lorsque Louis XVI et sa famille parviennent à Somme-Vesle, à Sainte-Ménehould, à Clermont-en-Argonne ne trouvent-ils aucune des troupes prévues. Dans la voiture, la surprise le dispute à l'angoisse. Pour autant le roi fait preuve de détermination ; trouvant partout des chevaux de poste, il continue sa route sans sourciller. Et comme prévu, à Clermont-en-Argonne, bifurque vers le nord en direction de Varennes.

Plus de relais désormais ; la progression de la berline est à la merci des chevaux de l'armée. Or le temps presse ; aux trousses des fugitifs, deux cavaliers sont lancés au galop : Bayon, très motivé car bon républicain, mais sans certitude quant à l'itinéraire ; et l'officier Romeuf – moins acharné sans doute, mais guidé quant à lui par des renseignements précis. Ces deux chevaucheurs se croisent au relais de Chaintrix, avant Châlons-en-Champagne, et décident de continuer ensemble. Auparavant, Bayon a fait prévenir le chef du relais suivant, celui de Châlons, lui demandant de propager la nouvelle de la fuite du roi sur toute la route de Verdun.

Une route semée d'embûches

Pour rallier Montmédy, le convoi avait le choix entre un itinéraire septentrional, passant par Reims, Rethel et Stenay (mais Louis XVI a refusé semble-t-il de passer par Reims, la ville du sacre), et un trajet plus au sud, *via*

Châlons, Sainte-Ménehould et Clermont-en-Argonne. De là, il aurait fallu traverser Verdun ; mais le roi – sans doute à tort – a craint les opinions « avancées » de cette ville. C'est pourquoi il a demandé à bifurquer par Varennes, village sans relais de poste – hélas pour lui. Ayant finalement contrôlé cet itinéraire, le baron de Goguelat, secrétaire du cabinet de la reine, aurait dû prévenir le souverain que le passage de la ville haute à la ville basse pouvait se muer en piège... Ce qui advint.

Varennes

La distance protégeant les fugitifs rétrécit comme peau de chagrin : quand la nouvelle de Paris atteint Sainte-Ménehould, la berline royale en est repartie depuis moins d'une heure ! La municipalité réagit en envoyant à sa poursuite le dénommé Drouet, chef de relais. La légende veut que ce « révolutionnaire acharné », selon Mme de Tourzel, ait reconnu Louis XVI, lors de son passage une heure plus tôt, grâce à l'effigie du souverain sur une pièce de monnaie – impossible : Drouet était dans ses champs lors du passage de la berline ! Mais ce qui est certain, c'est que, sur sa route, il croise deux de ses employés, affairés à reconduire les chevaux de la berline – fraîchement dételés à Clermont. Ce sont eux qui lui apprennent la bifurcation vers le nord du convoi fugitif – en direction de Varennes... Immédiatement, Drouet attrape un raccourci menant droit à ce village.

À 23 heures, cela fait plus de vingt-quatre heures que tout a commencé. La famille royale, ballottée sur les routes de Lorraine sans la moindre escorte, est maintenant la proie des pires angoisses. Le roi sait qu'on est forcément à ses trousses ; il se doute qu'on va finir par le rattraper… La berline et le cabriolet sont en train de pénétrer dans le bourg endormi de Varennes. Ici, la nouvelle n'est pas encore arrivée – et pour cause : les messagers progressent dans une autre direction, sur la route de Verdun ! L'éclaireur Valory, arrivé depuis trois quarts d'heure, a désespérément cherché les chevaux promis par le marquis de Bouillé… Le roi descend de voiture, tendu ; il s'entretient avec les gardes du corps ; s'enhardit même à frapper aux volets de la première maison. Sans succès. Il était prévu que les chevaux de Bouillé attendraient la berline à l'entrée de la ville haute. Mais par une précaution de dernière heure, l'officier de cavalerie a eu l'idée de les dissimuler un peu plus loin, dans les communs d'une auberge de la ville basse. Comment le deviner ? Les troupes, elles, font défaut, comme partout… Le destin n'en finit donc plus de s'acharner sur cette folle équipée.

Or, à peine la berline et le cabriolet sont-ils entrés dans Varennes endormie que le maître de poste Drouet y parvient à son tour. Très imbu de la mission historique dont il se sent investi, il dépasse sans piper le convoi royal et file droit au cabaret du Bras d'or, après l'église, afin d'y rameuter les rares noctambules du village. Puis il court réveiller le procureur-syndic de la commune – autant dire le maire –, un épicier du nom de Sauce, lui aussi bon révolutionnaire. De sorte qu'au moment où la berline et le cabriolet enfin repartis en direction du pont et de la ville basse se présentent à la hauteur d'un porche médiéval rétrécissant la chaussée, ils y sont arrêtés par un petit groupe déjà bien excité, armé de piques et de fourches.

L'épicier Sauce demande aux voyageurs leurs passeports, puis il entre les examiner aux lueurs de l'estaminet. Les faux sont bien faits, les papiers semblent en règle ; Sauce serait d'avis de laisser passer les voitures – mais pas Drouet, qui insiste : « Ces gens sont déguisés, ce sont le roi, la reine et les Enfants de France ! Enfin, voyons ! » Bien embarrassé, le procureur-syndic demande alors aux occupants des deux voitures de le suivre chez lui, à l'épicerie qui se trouve en contrebas, vers le pont. On essaie bien de parlementer un peu… Les trois gardes du corps observent le souverain ; ils sont prêts à tirer les armes ; et d'autant plus qu'une poignée de hussards, restés en faction tout près de là, finissent par s'approcher du petit groupe éclairé de flambeaux. Hélas pour le roi, ces hommes n'ont pas de consigne claire. Et de toute façon Louis XVI, fidèle à son habitude, veut éviter toute effusion de sang.

On entre dans l'épicerie. Les fugitifs ignorent – cela vaut peut-être mieux pour eux – qu'ils sont alors à moins de 100 mètres de l'auberge du Grand Monarque, où attendent leurs chevaux frais ! Au son du tocsin, Varennes est tirée de sa torpeur : la population se presse à l'épicerie, tandis que les voyageurs suspectés de fuite sont invités à monter dans deux petites pièces au-dessus du magasin. Les enfants, épuisés, tombent de sommeil ; Mme de Tourzel les couche sur le lit des époux Sauce.

Au bout d'une heure interminable, l'épicier revient auprès du roi, accompagné d'un certain juge Destez, qui a vécu naguère à Versailles, où son beau-père était officier de bouche de la reine. Dès qu'il aperçoit les voyageurs, le juge se fige de stupeur, avant d'esquisser une révérence ; plus moyen de jouer la comédie ! Se produit alors une scène extraordinaire : « Le monarque et son auguste famille, précisera le procès-verbal de la municipalité, daignèrent presser dans leurs bras tous les étrangers qui se trouvaient dans l'appartement, et recevoir d'eux la même marque de leur sensibilité vive et familière. » Attendri, les larmes aux yeux, Louis XVI explique à ces bons sujets la raison de son départ : il vient chercher dans ses bonnes provinces la paix et la liberté dont on a fini par le priver dans la capitale.

« Il n'y a plus de roi en France »

Or, du dehors monte une sourde rumeur. Par un incroyable hasard, les 40 hussards de Somme-Vesle, sous les ordres de Choiseul, viennent de déboucher en plein Varennes après s'être longtemps égarés dans la nature ! Le jeune duc se précipite chez Sauce et grimpe les marches jusqu'à la petite chambre ; il y sera bientôt rejoint par un officier de dragons qui, alerté par la rumeur, est accouru de Clermont avec une poignée d'hommes. La situation va-t-elle basculer ? La famille royale poursuivra-t-elle sa route, et cette fois sous bonne escorte ? Il suffirait d'un mot du roi. Ces soldats, brûlant du désir de racheter leur faute de l'après-midi, se font fort de libérer les fugitifs, s'il le faut par la force, et de les conduire jusqu'à Dun, où le marquis de Bouillé les prendra sous sa protection.

C'est Louis XVI qui va donc décider du sort de son équipée. Le souverain a toujours refusé la violence ; son éducation de Roi Très-Chrétien lui a rendu odieuse l'idée de faire couler une goutte du sang de ses sujets civils… Aussi va-t-il choisir d'attendre le matin pour partir tranquillement, « avec l'accord de tous ». Cette fois, c'en est bien fini de son rêve de se libérer de Paris et de son Assemblée ; c'en est fait des espoirs ardents de la reine.

Chaque heure qui passe représente un peu de terrain perdu. Car le voisinage, alerté par le tocsin, a pris d'assaut Varennes. À l'aube, on annonce l'arrivée des messagers de La Fayette et de l'Assemblée : Bayon et l'officier Romeuf. On connaît la suite : les palabres à n'en plus finir, l'énervement de la foule et la phrase de Louis XVI après avoir lu le décret de l'Assemblée : « Il n'y a plus de roi en France. »

Le 22 juin, la berline vert et jaune va repartir, mais en sens inverse, et sous le contrôle haineux de la foule et des soldats venus de Paris. Comment décrire la laideur, l'épouvante même, des trois jours de ce retour honteux, piteux vers Paris ? Tout au long de la route, le petit peuple crie et crache, insulte et conspue… À Paris, terme de ce chemin de croix, a été placardé aux murs cet ordre fameux : « Quiconque applaudira le roi sera bastonné, quiconque l'injuriera sera pendu. » La fuite de la famille royale, si dramatiquement interrompue à Varennes, s'achève dans un désordre qui en annonce d'autres – et de pires. L'attachement des Français à leur monarque de droit divin a vécu ; le lien millénaire est rompu pour de bon. De sorte que, dans un peu plus d'un an, la monarchie sera déchue en France.

Trois députés

C'est au lieu-dit Le Chêne-Fendu, près d'Épernay, que la famille royale, renvoyée de Varennes à Paris, rencontre les députés que l'Assemblée a envoyés au-devant d'elle : le comte de La Tour-Maubourg, représentant la tendance royaliste, Jérôme Pétion, d'opinion républicaine, et – à mi-chemin politiquement – le jeune Antoine Barnave, député du Dauphiné. Ce dernier, touché par les déboires des fugitifs et sensible aux larmes de la reine, va entamer avec celle-ci une correspondance secrète. Avant de se retirer à Grenoble, Barnave ira jusqu'à conseiller aux souverains d'user du veto contre les décrets frappant les prêtres réfractaires. Il le paiera de sa vie : arrêté en août 1792, condamné à mort par le Tribunal révolutionnaire en novembre 1793, il sera guillotiné en même temps que ses collègues et amis Lameth et Duport.

13

NAPOLÉON-JOSÉPHINE. UN DIVORCE POUR RAISON D'ÉTAT

Le divorce du couple impérial occupe une place singulière : à mi-chemin du vaudeville et de la tragédie, il illustre les limites d'un régime fragile en dépit de toutes les apparences.

En ce 25 décembre 1809, le soleil ne percera pas ; les baies du Grand Trianon ruissellent d'une pluie glaciale. Cela fait une semaine, déjà, que l'Empereur s'est installé dans l'ancienne villégiature des rois – une semaine qu'il tourne en rond dans ce qui fut l'appartement de Mme de Pompadour, remis au goût du jour. Il passe ses journées dans le salon des Sources, fixant d'un œil morne les flammes qui dansent dans le foyer : Napoléon doute. Il souffre. Pour le déranger le moins possible, l'armée de serviteurs qui l'accompagne s'est mise en veilleuse.

Soudain, de l'agitation. Des berlines pénètrent dans la cour d'honneur et viennent se ranger devant le majestueux péristyle d'Hardouin-Mansart. C'est l'impératrice

Joséphine qui arrive du château de Malmaison, voisin ou presque, avec quelques familiers : le souverain les a conviés à se joindre à son repas de Noël. Descendent notamment de voiture le vice-roi d'Italie, Eugène de Beauharnais, et la reine de Hollande, Hortense – les deux enfants que Joséphine a eus de son premier mariage. Ce sont Pauline et Caroline Bonaparte, respectivement princesse de Sulmona et reine de Naples, qui font les honneurs. On s'embrasse ; l'impératrice sourit, comme toujours – mais du sourire le plus forcé. Car, à la vérité, son cœur est encore plus douloureux, ses pensées encore plus amères, si possible, que celles de l'Empereur : tous deux viennent de divorcer.

Pour prendre la mesure de l'événement, il faut se rappeler la place extraordinaire prise par Joséphine dans le destin de Napoléon. Son aînée de six ans, elle avait déjà vécu une première vie bien remplie lorsqu'il l'a épousée civilement, en 1796 : veuve du vicomte de Beauharnais (1760-1794) et rescapée des geôles de la Terreur, la native « des îles » – du temps où, Martiniquaise, elle s'appelait Rose Tascher de La Pagerie – était alors devenue, dans le proche entourage de Barras, une égérie du Directoire. Elle avait tout, *a priori*, pour faire fuir un jeune général romantique avant l'heure ; c'est le contraire qui s'est produit, il s'en est entiché. À la folie. Qu'elle l'ait d'abord trompé n'a rien changé à la puissance d'un lien talismanique – oui, Joséphine a donné le sentiment, souvent, qu'elle portait chance à ce soldat devenu Premier consul, puis empereur… Pourtant, le bonheur éclatant du ménage Bonaparte s'est assez vite obscurci d'un discret malheur : hélas pour lui, hélas pour elle, jamais elle n'a pu donner de petits frères à Eugène et Hortense. Joséphine a eu beau soutenir et parfois même guider son mari à chaque étape de son incroyable ascension, jamais elle n'aura pu lui donner d'héritier. Ce qui d'abord fut un souci intime est devenu, à la fondation de l'Empire, un drame dynastique. Et bien que, la veille du sacre, la nouvelle impératrice ait obtenu du pape une union devant Dieu, les liens de ce mariage ont soudain paru à tous de moins en moins indissolubles…

La venue inopinée du comte Léon

Une trentaine de mois avant le Noël si triste, si pluvieux, de Trianon, c'est-à-dire à l'été 1807 – l'été de Tilsit –, on voit Napoléon rentrer à Saint-Cloud dans un état d'esprit paradoxal. Six mois plus tôt, sa maîtresse du moment, Éléonore Denuelle, a mis au monde un fils – on l'appellera le comte Léon –, ce qui ne peut que troubler le père putatif ; or, à peu près au même moment, est entrée dans sa vie une belle comtesse polonaise, Marie Walewska, dont il est maintenant amoureux. Là-dessus, la mort de son neveu Napoléon-Charles, fils de Louis et d'Hortense, regardé depuis l'établissement de l'Empire comme son héritier présomptif, le conduit à s'interroger. À Joséphine elle-même, il n'hésite pas à s'ouvrir de « la nécessité où peut-être, un jour, il pourrait se trouver de prendre une femme qui lui donnerait des enfants ». Il ajoute même, comme s'il cherchait à l'éprouver : « Si pareille chose arrivait, Joséphine, alors ce serait à toi de m'aider à un tel sacrifice. Je compterais sur ton amitié pour me sauver de tout l'odieux de cette rupture forcée. » On imagine les affres dans lesquelles une telle invite peut plonger l'impératrice ; surtout lorsque l'Empereur va jusqu'à lui demander de prendre elle-même l'initiative du sacrifice. « J'obéirai à tes ordres, se borne-t-elle à répondre, mais je n'en préviendrai jamais aucun. »

Le ver est dans le fruit. Contre toute attente, c'est un des piliers de l'État, le ministre de la Police en personne, qui va pousser dans le sens d'un remariage de l'Empereur. Le terrible Fouché s'empare en effet de la question et, partisan de l'union envisagée de son maître avec la sœur du tsar – afin d'entériner le premier traité de Tilsit et, disons-le, d'écarter toute idée de mariage avec une nièce de Marie-Antoinette, perspective inquiétante pour le régicide Fouché –, le ministre se permet, à Fontainebleau, au sortir de la messe, de retenir l'impératrice dans une embrasure et de lui déclarer que, « pour le bien public et la consolidation de la dynastie », elle devrait inciter elle-même le Sénat à réclamer « le plus pénible sacrifice pour son cœur ». Riposte de la femme outragée : « Avez-vous reçu de l'Empereur l'ordre de me faire une aussi triste insinuation ? » L'insolent ayant répondu par la négative, Joséphine se croit sans doute pour un temps hors d'atteinte. Mais, quelques jours plus tard, Fouché récidive – par écrit cette fois : « Il ne faut pas se le dissimuler, Madame, l'avenir politique de la France est compromis par la privation d'un héritier de l'Empereur. Comme ministre de la Police, je suis à portée de connaître l'opinion publique, et je sais qu'on s'inquiète pour la succession d'un tel empire… »

Un héritier, à tout prix !

Cette fois, Joséphine se précipite dans le cabinet de son époux ; elle exige une explication. Napoléon, bien ennuyé, ne cache pas sa colère envers Fouché, qu'il accuse d'« excès de zèle ». Le fond de sa pensée est plus ambigu. Dans le *Mémorial de Sainte-Hélène*, Las Cases rapporte cette confidence de l'Empereur : « J'eusse renvoyé [Fouché] sur-le-champ pour s'être mêlé de ce qui se passait dans mon lit, si cela n'eût paru vouloir rejeter une opinion qu'il m'importait plutôt d'accréditer. »

Début 1808, l'impératrice s'est fait sa religion : elle a compris que son impérial époux ne pourrait, indéfiniment, se passer d'un héritier à qui transmettre une couronne si chèrement conquise. Elle se languit, soupire en silence, ne vit déjà plus vraiment, en dépit d'apparences qu'elle s'ingénie à ne surtout pas changer. Son humeur paraît stable, son train de maison atteint des sommets : l'inventaire de 1809 conservera le compte de quelque 400 chemises brodées, plus de 150 paires de bas blancs ou roses, environ 700 robes en étoffe, plus de 500 paires de chaussures et un petit millier de paires de gants blancs – pour passer sous silence les dépenses de table et de serre, les folies en joyaux et en œuvres d'art de toutes sortes... Autour de Napoléon, les bonnes âmes s'enhardissent. Fouché réduit au silence, c'est au tour de son beau-frère Murat de plaider pour un remariage. Le clan Bonaparte, qui a toujours détesté Joséphine, joue sur du velours... Au printemps, voyant la reine Hortense enceinte de celui qui, un jour, sera empereur des Français à son tour, le souverain se laisse aller à cette remarque saumâtre :

« Cela me fait mal de vous voir ainsi… Que j'aimerais votre mère, si seulement elle était dans le même état ! » Or, dix-huit mois plus tard, c'est Marie Walewska qui, à son tour, porte un enfant – un enfant de lui, un garçon de surcroît ! La naissance de Léon Denuelle avait troublé l'Empereur, d'autant plus qu'elle n'était sûrement pas la première du genre. Avec la grossesse de sa chère Polonaise s'envolent ses derniers doutes ; ce n'est pas lui qui est stérile ; c'est sans doute elle qui l'est devenue… Lui peut, lui doit donner un héritier à son trône pour espérer fonder une dynastie.

La raison d'État plus forte que la passion

Le plus tôt serait même le mieux. Une tentative d'assassinat perpétrée contre lui par un jeune Allemand au palais de Schönbrunn, à Vienne, en octobre 1809, achève de le convaincre : que serait-il advenu en cas de succès de l'attentat ? L'Empereur repart aussitôt pour la France et fait savoir à sa femme qu'il devrait être de retour à Fontainebleau avant la fin du mois. Joséphine s'est mise en route, de son côté, la mort dans l'âme.

Laure d'Abrantès racontera qu'un jour, apportant des fleurs à sa marraine, elle la trouve en pleurs, désespérée de ne pouvoir donner à son mari ce qu'il attend plus que tout. Ce n'est pas sur sa couronne menacée, sur sa position officielle en péril que Joséphine verse des larmes, c'est sur un amour qu'elle pressent perdu. « Dieu m'est témoin que je l'aime, plus que ma vie, bien plus que ce trône… » On a beaucoup raconté les retrouvailles glaciales de Fontainebleau, prélude au plus célèbre divorce de l'Histoire. En rejoignant celui qui, alors, est encore son mari, Joséphine constate que l'on a fait murer la communication familière entre son appartement et celui de l'Empereur ; on ne saurait être plus explicite…

« Le soir du jeudi 30 novembre, racontera André Castelot, le dîner est affreusement silencieux. Joséphine a pleuré toute la journée et, pour cacher ses yeux rougis, s'est coiffée d'un grand chapeau blanc dont la jugulaire est nouée sous le menton. » On n'entend, rapporte le valet de chambre Constant, « que le bruit uniforme des assiettes apportées et remportées, tristement varié par la voix monotone des officiers de bouche ». L'heure est venue des explications. « La raison d'État et la consolidation de ma dynastie veulent que j'aie des enfants, martèle Napoléon d'une voix sourde. Tu as les tiens, mais quand je t'ai épousée, tu n'étais plus capable d'en faire. Il n'est point juste que tu me prives de ce que désirent tous les hommes. »

Scène violente de Joséphine, qui, une dernière fois, hurle de désespoir et supplie que l'on veuille bien la garder… Mais elle sait, au fond d'elle, que tout est maintenant décidé : elle partira avec de beaux châteaux et une dotation énorme de cinq millions par an – preuve des scrupules de l'Empereur.

Le 15 décembre de cette fatidique année 1809 – fatidique en tout cas pour le couple impérial –, on a exfiltré des Tuileries, pour les porter discrètement jusqu'à Malmaison, les malles si pleines, si riches, de celle qui, déjà, n'est plus qu'« impératrice douairière ». Apparition glaçante : précédant sa fille de quelques pas, Joséphine vient de fouler le haut perron lustré par la pluie ; elle est au bras de sa dame d'honneur. Étouffant un sanglot, elle se hisse avec grâce dans l'élégante voiture dorée qui porte un joli nom : *Opale*. Elle fait baisser les stores. Le fouet claque. Le palonnier grince à peine. La voiture s'éloigne sous des trombes d'eau.

Maudite Malmaison

Plusieurs fois par jour, un Empereur en larmes écrira lettre sur lettre à celle qu'il s'est fait la violence d'éloigner : « On me dit que tu n'as plus de courage depuis que tu es à Malmaison. Ce lieu est pourtant tout plein de nos sentiments qui ne peuvent ni ne doivent changer, du moins de mon côté. J'ai bien envie de te voir, mais il faut que je sois sûr que tu es forte et non faible. Je le suis [faible] aussi un peu, et cela me fait un mal affreux… » Comme si le ciel s'était accordé aux pleurs de Napoléon et de Joséphine, il ne cessera de pleuvoir jusqu'à Noël – jusqu'à ce repas sinistre du Grand Trianon qui, une dernière fois, réunit la petite famille. Comme au bon vieux temps… Bientôt, Joséphine prendra la route de la Normandie et du château de Navarre, près d'Évreux, dont l'Empereur lui a fait don – présent de séparation…

Entièrement redécoré, avec un luxe inouï, par l'architecte Berthault, il abritera une sorte de cour impériale en réduction, cour fastueuse, monotone et vaine, où l'on cachera poliment des bâillements entre une partie de billard et une de trictrac…

Quant à Napoléon, au matin du 26 décembre 1809, c'est au bras d'une bien jolie dame, Christine Mathis, qu'il a regagné les Tuileries. Il reviendra au Grand Trianon six mois plus tard, le 28 juin 1810, avec l'impératrice – l'autre impératrice, la nouvelle : l'archiduchesse d'Autriche Marie-Louise. De ce mariage, nombre d'historiens datent les revers de fortune de Napoléon. En dépit de la naissance d'un héritier, le roi de Rome, le 20 mars 1811, la suite de l'épopée se révèle en effet calamiteuse : campagne de Russie en 1812, décisives défaites d'Espagne et d'Allemagne en 1813, terrible campagne de France en 1814... Poussé à l'abdication en avril de cette année-là, l'ancien Empereur devient pour un temps souverain de l'île d'Elbe ; mais son débarquement en France et sa reprise du pouvoir, au printemps 1815, se soldent par la défaite de Waterloo, le 18 juin, et un départ sans retour pour Sainte-Hélène, où il mourra le 5 mai 1821. Comme si, mais ce n'est qu'une image, sa fortune n'avait pu survivre au départ de Joséphine.

La mort de l'impératrice

En 1814, à l'issue de la campagne de France, Napoléon se retrouve acculé dans Fontainebleau par les forces de la 6e coalition. Il doit abdiquer et prendre la route de l'île d'Elbe. Joséphine, un temps réfugiée au château de Navarre, en tant que mère du vice-roi Eugène et de la reine Hortense, n'en reçoit pas moins les hommages des alliés – au premier rang desquels l'empereur Alexandre de Russie, qui lui rend visite à Malmaison. C'est en accompagnant ce dernier à Saint-Leu qu'elle prend froid : une angine de poitrine va se déclarer. Alitée le 23 mai, elle expire à midi, le 29, jour de la Pentecôte. Un an plus tard, le 12 avril 1815, Napoléon profitera des Cent-Jours pour venir à Malmaison lui rendre un ultime hommage. « Comme tous ces lieux me la rappellent, soupirera-t-il ; je ne puis me persuader qu'elle ne soit plus ici... »

14

La révolution de 1848 vue par Victor Hugo

*Il y a cent soixante et onze ans éclatait à Paris l'insurrection qui devait coûter son trône à Louis-Philippe et accoucher de l'éphémère II*e *République. Au cœur de ces événements, un « reporter » de choix : l'auteur de* La Légende des siècles *et de l'inoubliable* Choses vues.

Pour l'année 1847, le *Journal* de Victor Hugo – repris en partie dans *Choses vues* – s'achève par la disparition de Madame Adélaïde, la sœur, la confidente du roi Louis-Philippe. « Presque tous les matins, raconte l'écrivain, le roi avait une longue causerie, la plupart du temps politique, avec Madame Adélaïde. Il la consultait sur tout, et ne faisait rien de très grave contre son avis. [...] Je souffrais de le voir pleurer. On sentait que c'étaient là de vrais sanglots venant du fond même de l'homme. » Car, bien que certains veuillent l'oublier, celui qui, vers la fin de sa vie, s'imposera comme le défenseur le plus ardent de la République a bel et bien été, sous la monarchie de Juillet, un pair de France assez proche du roi et surtout de son fils aîné, tragiquement disparu en 1842, pour sécher ses larmes ! C'est dire si, à l'aube de 1848, Hugo scrute avec anxiété la tournure des événements. Nous ne pouvions rêver – indiscrets que nous sommes – meilleur témoin.

L'année qui s'achève a été délétère pour le régime de Louis-Philippe. Des scandales d'État à répétition – l'assassinat de la duchesse de Praslin par son mari, pair de France, n'ayant été que le plus éclatant – ont instillé, selon le mot de Lamartine, « comme un remords dans la prospérité de la nation ». Pour couronner le tout, les chefs de l'opposition dynastique modérée se sont joints à ceux de l'opposition radicale pour exiger une réforme électorale. Ils ont organisé des banquets pour cela – or, en février 1848, celui du XIIe arrondissement de Paris (alors tout l'est de la rive gauche) est interdit. Voilà ce qui va mettre le feu aux poudres… Mais aux Tuileries, on ne voit rien venir !

Comment en est-on arrivé là ?

En cette année 1848, c'est toute l'Europe qui entre dans la tourmente politique. En cause, les mauvaises récoltes de 1846, qui provoquent un renchérissement du prix du blé. À Paris, l'insurrection de février 1848 a une origine double, selon l'historien Pierre Goubert : « L'une tenait au monde politique, donc essentiellement à la bourgeoisie. […] L'autre venait du petit peuple parisien. » La classe moyenne prend ses distances avec le régime de Louis-Philippe, terni par les scandales de corruption. Et le peuple, frappé par le chômage, rêve de rejouer 1789 et d'en finir avec la monarchie.

Le prince Jérôme Napoléon (le plus jeune frère de l'Empereur) racontera plus tard à Victor Hugo sa visite à Louis-Philippe, à quelques jours de l'embrasement général. « Il témoigna au roi quelque inquiétude de l'agitation des esprits. Le roi sourit, et lui dit : "Mon prince, je ne crains rien." Et il ajouta après un silence : "Je suis nécessaire." [...] Il était, du reste, fort gai. La reine, elle, était sérieuse et triste. Elle dit au prince Jérôme : "Je ne sais pas pourquoi, mais je ne suis pas tranquille. Cependant le roi sait ce qu'il fait..." »

La misère, toujours

Pauvre Marie-Amélie ! Aveuglée par l'amoureuse dévotion qu'elle voue à son époux depuis bientôt quatre décennies... C'est le samedi 19 février que Victor Hugo saisit l'imminence du péril. Siégeant parmi les pairs au palais du Luxembourg, il s'ennuie aux débats de la Chambre haute et note, sur une feuille de papier : « La misère amène les peuples aux révolutions et les révolutions ramènent le peuple à la misère. » Remarque prémonitoire...

Poussé sur sa gauche à provoquer une salutaire interpellation du gouvernement, il en est retenu sur sa droite – notamment par le comte Napoléon Daru. Victor Hugo s'insurgera contre ce nanti qui, selon lui, « savait le fond de l'émeute » : 20 000 ouvriers accourus à Paris depuis Amiens, Beauvais, Rouen, « payés, enrégimentés, et prêts à une sorte de bataille rangée ; les comités révolutionnaires en permanence, tous les symptômes d'une crise, tous les préparatifs d'une journée ; et il ne voyait rien dans tout cela que la chute » d'un cabinet de plus !

En attendant, la révolution couve. On raconte à Hugo « que le roi avait jeté dans son tiroir un projet de loi de réforme électorale, en disant : "Voilà pour mon successeur !" C'est le mot de Louis XV, en supposant que la réforme soit le déluge ».

Le mercredi suivant, 23 février, l'écrivain ayant vu, dans le quartier Saint-Germain, « une colonne épaisse et interminable d'hommes en vestes, en blouses et en casquettes, marchant bras dessus bras dessous, trois par trois » en criant à la réforme, il décide de se rendre au Palais-Bourbon, qu'il trouve en ébullition.

À la Concorde toute proche, l'armée charge déjà des émeutiers. « Nous sommes descendus sur la place. Les charges de cavalerie tourbillonnaient autour de nous. À l'angle du pont, un dragon levait le sabre sur un homme en blouse. Je ne crois pas qu'il ait frappé. » Tout en précisant que Hugo réécrit les choses après-coup, concédons-lui une certaine lucidité : « Place du Châtelet, j'ai entendu un homme dire à un groupe : "C'est 1830 !" Non. En 1830, il y avait le duc d'Orléans derrière Charles X. En 1848, derrière Louis-Philippe il y a un trou. C'est triste de tomber de Louis-Philippe en Ledru-Rollin. » L'avocat radical, propulsé ministre de l'Intérieur, n'est pas selon lui à la hauteur des circonstances…

Quant à son goût du drame, personne ne l'ignorait : « Minuit sonne en ce moment. Il y a dix pièces de canon place de Grève. L'aspect du Marais est lugubre. Je m'y suis promené et je rentre. Les réverbères sont brisés et éteints sur le boulevard fort bien nommé *le boulevard noir*. »

Le matin du 24 – grand jour de cette révolution –, Victor Hugo laisse plus que jamais traîner ses yeux et ses oreilles. Le maire du VIIIe arrondissement (à l'époque, celui du Marais et de la Bastille) lui apprend au réveil un massacre d'émeutiers par les forces de l'ordre, boulevard des Capucines. Du coup, la garde nationale fraternise de plus en plus avec les insurgés. L'auteur de *Ruy Blas* fait un tour du quartier de la place des Vosges – qu'il continue d'appeler la place Royale – pour prendre le pouls d'une population de plus en plus échauffée.

Le roi file à l'anglaise

« Partout on travaille activement aux barricades déjà formidables. C'est plus qu'une émeute, cette fois, c'est une insurrection. Je rentre. Un soldat de la ligne, en faction à l'entrée de la place Royale, cause amicalement avec la vedette d'une barricade construite à vingt pas de lui. » Peu après 8 heures du matin, la nouvelle se répand que le roi aurait chargé Thiers et Odilon Barrot de former un ministère. Mais avec le terrible maréchal Bugeaud à la tête de l'armée ! Hugo ironise : « Le roi tend la main droite et montre le point gauche. » Alors que le peuple crie partout « Vive la Réforme ! » et que des échauffourées ensanglantent la place de la Bastille, l'insurrection progresse. On exige le remplacement de Bugeaud et la dissolution de la Chambre. Les élèves de Polytechnique réclament l'abdication du roi. Tandis que notre « envoyé spécial » escalade des barricades pour se rapprocher de l'Hôtel de Ville, il croise M. de Rambuteau, préfet de la Seine. « J'étais dans mon cabinet avec deux ou trois conseillers municipaux, raconte le grand commis. Grand bruit dans le corridor. La porte s'ouvre avec fracas. Entre un grand gaillard, capitaine de la garde nationale, à la tête d'une troupe fort échauffée. "Monsieur, m'a dit l'homme, il faut vous en aller d'ici.

— Pardon, Monsieur ; ici, à l'Hôtel de Ville, je suis chez moi et j'y reste.

— Hier, vous étiez peut-être chez vous à l'Hôtel de Ville ; aujourd'hui le peuple y est chez lui." »

Le préfet conclut : « Puisque vous allez à la Chambre, s'il y a encore une Chambre, vous direz au ministre de l'Intérieur, s'il y a un ministère, qu'il n'y a plus, à l'Hôtel de Ville, ni préfet, ni préfecture. »

De fait, au Palais-Bourbon, les coups de théâtre se succèdent : Odilon Barrot, chef de l'opposition dynastique, a pris la place de Thiers et Bugeaud a été remplacé par le maréchal Gérard, vétéran de l'Empire, jusqu'alors grand chancelier de la Légion d'honneur. Survient la nouvelle de la dissolution de la Chambre, puis, dans la foulée, celle de l'abdication du roi. « Ah ! le flot monte, monte, monte ! »

Dans *Choses vues*, Victor Hugo racontera, d'après le témoignage de Thuret, valet de chambre du roi déchu, la fuite éperdue de Louis-Philippe et Marie-Amélie dans un simple fiacre de louage, et toute leur piteuse équipée – annonçant celle, en 1870, de l'impératrice Eugénie – à travers le Vexin et la Normandie jusqu'à Trouville et Honfleur et, de là, l'Angleterre…

De son côté, notre témoin n'atteint le palais des Tuileries que pour apprendre que la prétendue régente, la duchesse d'Orléans, serait avec son fils en route pour la Chambre. Demi-tour ! On regagnera le Marais par les quais de la rive gauche.

« Au Pont-Neuf, nous nous croisons avec une troupe armée de piques, de haches et de fusils, conduite, tambour en tête, par un homme agitant un sabre et vêtu d'un grand habit à la livrée du roi. C'est l'habit du cocher qui vient d'être tué rue Saint-Thomas-du-Louvre. »

Ce « pauvre grand peuple » !

Place de la Bastille, la foule grondante attend des informations. Victor Hugo, reconnu, est pressé de questions auxquelles il tente de répondre de manière apaisante. « Je commençai par annoncer tout de suite l'abdication de Louis-Philippe, et, comme à la place Royale, des applaudissements à peu près unanimes accueillirent la nouvelle. On cria cependant aussi : "Non ! Pas d'abdication ! La déchéance ! La déchéance !" J'allais décidément avoir affaire à forte partie. » Le ci-devant pair de France s'en tire plutôt bien, devant une foule de plus en plus hostile : lui, hier encore ami du roi en fuite, est menacé. « J'ai juré fidélité, non à une personne royale, mais à la monarchie constitutionnelle, se défend Hugo. Tant qu'un autre gouvernement n'est pas établi, c'est mon devoir d'être fidèle à celui-là. Et j'ai toujours pensé que le peuple n'aimait pas que l'on manquât, quel qu'il fût, à son devoir. » Il ajoute : « Une voix, une seule voix, cria : *Vive la République !* Pas une autre voix ne lui fit écho. Pauvre grand peuple, inconscient et aveugle ! Il sait ce qu'il ne veut pas, mais il ne sait pas ce qu'il veut ! »

À la Chambre, où les députés, débordés par la foule, ont cédé la place à ce que Hugo décrit comme « une sorte d'assemblée révolutionnaire », s'expriment à présent Alexandre Ledru-Rollin et Alphonse de Lamartine. « Pas une fois le mot *République* n'avait été prononcé, insiste notre témoin. Mais maintenant, au-dehors, dans la rue, ce mot, ce cri, les élus du peuple le trouvèrent partout, il volait sur toutes les bouches, il emplissait l'air de Paris. Les quelques hommes qui, dans ces jours suprêmes et extrêmes, tenaient dans leur main le sort de la France, étaient eux-mêmes, à la fois, outils et hochets, dans la main de la foule, qui n'est pas le peuple, et du hasard, qui n'est pas la providence. Sous la pression de la multitude, dans l'éblouissement et la terreur de leur triomphe qui les débordait, ils décrétèrent la République, sans savoir qu'ils faisaient une si grande chose. »

Le lendemain, 25 février, Victor Hugo, accompagné de son jeune fils François-Victor, se rend à l'Hôtel de Ville en vue de rencontrer Lamartine. « Les rues étaient toutes frémissantes d'une foule en rumeur et en joie. On continuait avec une incroyable ardeur à fortifier les barricades déjà faites et à en construire de nouvelles. » Devant l'Hôtel de Ville, « la place était, comme la veille, couverte de foule, et cette foule, autour de l'Hôtel de Ville, était si serrée qu'elle s'immobilisait elle-même. [...] En nous voyant passer, un homme du peuple se détacha d'un groupe et se campa devant moi. "Citoyen Victor Hugo, dit-il, criez : *Vive la République !*"

— Je ne crie rien par ordre, dis-je. Comprenez-vous la liberté ? Moi, je la pratique. Je crierai aujourd'hui : *Vive le peuple !* parce que ça me plaît. Le jour où je crierai : *Vive la République !* c'est parce que je le voudrai." »

Les acquis de la IIe République

26 février 1848. Abolition de la peine de mort en matière politique.
2 mars 1848. Journée de travail limitée à dix heures (onze heures en province).
4 mars 1848. Restauration de la liberté de la presse.
5 mars 1848. Mise en place du suffrage universel (masculin exclusivement).
27 avril 1848. Abolition de l'esclavage dans toutes les colonies.

« Le dernier mot du progrès »

Disons, par souci de vérité, que les détails de l'entrevue des deux écrivains relèvent peut-être moins de l'Histoire que de la légende hugolienne. Mais ils offrent à cette chronique un savoureux point d'orgue : « Lamartine se leva à mon entrée. Sur sa redingote boutonnée comme d'habitude, il portait en sautoir une ample écharpe tricolore. Il fit quelques pas à ma rencontre et, me tendant la main : "Ah ! vous venez à nous, Victor Hugo ! C'est pour la République une fière recrue !

— N'allez pas si vite, mon ami ! lui dis-je en riant, je viens tout simplement à mon ami Lamartine. Vous ne savez peut-être pas qu'hier, tandis que vous combattiez la Régence à la Chambre, je la défendais place de la Bastille.

— Hier, bien ; mais aujourd'hui ! Il n'y a plus aujourd'hui ni régence, ni royauté. Il n'est pas possible qu'au fond Victor Hugo ne soit pas républicain.

— En principe, oui, je le suis. La République est, à mon avis, le seul gouvernement rationnel, le seul digne des nations. La République universelle sera le dernier mot du progrès. Mais son heure est-elle venue en France ? C'est parce que je veux la République que je la veux viable, que je la veux définitive." » Lamartine finit par attirer son confrère dans l'intimité d'une embrasure. « "Ce n'est pas une mairie que je voudrais pour vous, c'est un ministère. Victor Hugo, ministre de l'Instruction publique de la République… Voyons, puisque vous dites que vous êtes républicain !

— Républicain… en principe. Mais, en fait, j'étais hier pair de France, j'étais hier pour la Régence, et, croyant la République prématurée, je serais encore pour la Régence aujourd'hui.

— Les nations sont au-dessus des dynasties, reprit Lamartine ; moi aussi, j'ai été royaliste…

— Vous étiez, vous, député, élu par la nation ; moi, j'étais pair, nommé par le roi.

— Le roi, en vous choisissant, aux termes de la Constitution, dans une des catégories où se recrutait la Chambre haute, n'avait fait qu'honorer la pairie et s'honorer lui-même.

— Je vous remercie, dis-je, mais vous voyez les choses du dehors, je regarde dans ma conscience." »

Un fracas de fusillade les interrompt un moment. Puis Lamartine conclut : « Ah ! mon ami, que ce pouvoir révolutionnaire est dur à porter ! on a de telles responsabilités, et si soudaines, à prendre devant la conscience et devant l'histoire ! Depuis deux jours je ne sais comment je vis. Hier j'avais quelques cheveux gris, ils seront tous blancs demain.

— Oui, mais vous faites grandement votre devoir de génie, lui dis-je. »

Telles seront la fortune et l'infortune du romantisme en politique… Lamartine, écarté du pouvoir dès juin 1848, sera humilié à la présidentielle de décembre avant de sombrer dans l'oubli ; Hugo, tout au contraire, après bien des vicissitudes, grandira dans la pose du défenseur exilé de la République, et mourra, moins de quatre décennies plus tard, au sommet de la gloire.

15

La fuite éperdue de l'impératrice Eugénie

Son époux, Napoléon III, battu à Sedan le 1er septembre 1870, est aux mains des Prussiens. La régente, pour peu de temps encore impératrice des Français, doit songer à son salut au moment où les députés proclament la déchéance du Second Empire.

Cette soirée restera, pour le docteur Evans, l'étonnement de sa vie ; elle justifiera plus tard qu'il écrive ses *Mémoires*. Thomas Evans est un dentiste originaire des États-Unis, installé à Paris depuis le règne de Louis-Philippe. Habile à soigner les grands de ce monde, il a amassé une fortune suffisante sous le Second Empire pour s'offrir au coin de l'avenue Malakoff et de l'avenue de l'Impératrice – notre actuelle avenue Foch – un hôtel particulier : c'est là que va se produire l'inimaginable.

En ce dimanche 4 septembre 1870, le bon docteur, la cinquantaine bedonnante, a eu vent des troubles suscités à Paris par la défaite de Napoléon III face aux Prussiens – le désastre de Sedan – trois jours plus tôt. Accompagné de son confrère Crane, un compatriote, il a voulu prendre le pouls du peuple et s'est rendu en calèche aux Champs-Élysées. Poussant jusqu'aux abords de la place de la Concorde, les deux curieux ont vu la foule agrippée aux grilles des Tuileries et clamant : « Déchéance ! », « Vive la République ! ». Puis, ils ont mis le cap sur le Bois… Repassant devant chez lui, Evans arrête un instant la calèche : quelques consignes à donner au personnel en vue d'un dîner d'amis prévu pour le soir même ; Mme Evans passant l'été à Deauville, il faut se débrouiller…

Deux dames ? Un dimanche ?

Alors qu'il inspecte la cuisine, le maître de maison est interpellé par son majordome : « Monsieur, deux dames, qui ne m'ont pas donné leurs noms, sont là depuis un long moment ; elles ont insisté pour voir Monsieur, je les ai fait patienter au rez-de-chaussée. » Deux dames ? Un dimanche soir ? Intrigué, le docteur Evans se dirige vers la bibliothèque… et manque de tomber à la renverse. Car la dame au visage blême qui se dévoile la première, vêtue chichement d'une robe de cachemire noir, cette visiteuse inquiète sous son chapeau rond de voyage, n'est autre que Sa Majesté l'impératrice des Français – cette Eugénie que la foule en colère poursuit depuis peu de sa vindicte et n'appelle plus que « l'Espagnole » ! « Vous le voyez, lance-t-elle en étouffant un sanglot, je ne suis plus heureuse. Les mauvais jours sont venus. » Evans peine à recouvrer ses esprits. « Madame… — Je suis venue à vous, poursuit l'impératrice Eugénie, parce que j'ai une entière confiance en votre dévouement à ma famille. Le service que je vous demande, pour moi et pour Mme Lebreton, serait de nous aider à gagner secrètement l'Angleterre. »

Cette scène étonnante est le fruit d'un concours de circonstances. Tout avait commencé trente-neuf jours plus tôt, le 28 juillet. Ce matin-là, Eugénie avait accompagné jusqu'à la gare privée de Villeneuve-l'Étang, au bout du domaine impérial de Saint-Cloud, son mari, Napoléon III, et leur jeune fils de 14 ans, partant tous deux pour Metz et pour la guerre. À l'époque, l'impératrice s'était sentie partagée entre ses angoisses de mère et d'épouse et sa fierté de régente, chargée de l'État pour le temps des opérations. Certes, cette guerre contre la Prusse où l'on entrait sous la pression de l'opinion restait une aventure : le régime était à bout de souffle ; les armées n'étaient guère prêtes ; quant à leur chef… C'est un empereur bien diminué qui s'en était allé au combat, grimaçant de douleur du fait d'un gros calcul à la vessie. D'ailleurs, le télégraphe avait bientôt fait pleuvoir les mauvaises nouvelles sur Saint-Cloud et sur les Tuileries. Après le demi-succès de Sarrebruck, le 2 août, on avait appris dès le 4 la défaite de Wissembourg puis, le 6, les désastres immenses de Frœschwiller et de Forbach. L'impératrice avait pleuré, le plus discrètement possible…

Le 9 août, elle ne s'en était pas moins opposée au retour de l'empereur à Paris. Accès de vanité ou désir forcené de sauver l'honneur du régime – selon les confidences qu'elle devait faire, bien plus tard, au diplomate Maurice Paléologue ? Chaque jour apportait son lot de calamités. Le vendredi 2 septembre, alors que la capitale se préparait à un siège inévitablc, on lui avait transmis la dépêche de Sedan. Peu de mots : « L'armée est défaite. N'ayant pu me faire tuer au milieu de mes soldats, j'ai dû me constituer prisonnier pour sauver l'armée. Napoléon. » Pour Eugénie, le coup avait été violent. Si l'on en croit Maurice Paléologue, elle s'était ruée chez ses secrétaires, refusant d'admettre les faits ; puis, « les traits convulsés », elle s'était lancée dans des imprécations inouïes. Comme elle, la population parisienne, longtemps aveuglée par la presse, avait reçu la nouvelle avec surprise et colère. Des marges de la société avaient alors surgi les éternels frustrés... De petits groupes avaient hurlé en brandissant des drapeaux voilés de crêpe. À la Chambre, de grandes voix leur avaient fait écho – à commencer par celle de Jules Favre, qui, au milieu d'une nuit fiévreuse, avait demandé la déchéance du Second Empire.

Quand Napoléon III s'incline

C'est l'encerclement à Sedan des troupes de l'armée de Châlons, initialement commandées par le maréchal de Mac-Mahon, duc de Magenta, qui conduit l'empereur à déposer les armes. Défaite sans merci. Le tact du roi Guillaume, futur empereur d'Allemagne, et la courtoisie trop appuyée de Bismarck n'ôtent rien au caractère inflexible de la négociation. « Je n'ai pas voulu cette funeste guerre ; j'y ai été contraint par l'opinion publique », s'est justifié le vaincu. « Monsieur mon frère, écrit-il par ailleurs à son ennemi, n'ayant pu mourir au milieu de mes hommes, il me reste à remettre mon épée entre les mains de Votre Majesté. » À quoi le roi répond : « Monsieur mon frère, en regrettant les circonstances dans lesquelles nous nous rencontrons, j'accepte l'épée de Votre Majesté. » Désormais prisonnier – comme l'avaient été seulement, avant lui, Saint Louis, Jean le Bon et François Ier –, Napoléon III est conduit à Cassel, dans la Hesse (aujourd'hui Kassel), au château de Wilhelmshöhe. Il a traversé pour cela la Belgique et une partie de l'Allemagne, en train spécial... Le chancelier ne mettra fin à sa captivité que le 19 mars 1871.

Sus à « l'Espagnole »

Dimanche 4 septembre 1870. Aux Tuileries, l'impératrice Eugénie se lève tôt, après une nuit sans sommeil. Elle entend la messe, boit deux tasses de café noir et avale un morceau de pain. Pas question pour elle de quitter Paris ; le général Trochu, gouverneur militaire, ne lui a-t-il pas juré que quiconque voudrait l'atteindre devrait d'abord passer sur son cadavre ? Des soulèvements populaires sont signalés à Lyon et dans d'autres villes. Craignant la guerre civile, les ministres réunis de bonne heure conseillent une prompte abdication. Refus très ferme de la régente. Mais, à midi et demi, le marquis de Piennes, chambellan, introduit dans le salon bleu une délégation de parlementaires. Eugénie la reçoit les traits tirés, vêtue d'une robe noire toute simple – c'en est fini des crinolines et de la Fête impériale... La régente se voit prier de remettre le pouvoir à une « commission », au nom des intérêts de la dynastie.

« L'avenir de notre dynastie ne compte pas pour moi, rétorque la souveraine ; je ne pense qu'à l'avenir de la France. » Ne faudrait-il pas pourtant s'incliner devant l'argument suprême : épargner au pays une révolution sous les yeux de l'ennemi ?

Au-dehors, la tension a monté : les plus excités arrachent partout les symboles du régime. La place de la Concorde est noire d'une foule criant sus à l'Espagnole. La troupe a reçu l'ordre de ne tirer sous aucun prétexte. La peur s'insinue dans l'entourage d'Eugénie ; l'on voit se clairsemer le carré des fidèles. Or, à mesure que se rapprochent les clameurs haineuses, l'impératrice se fait plus hésitante. Ce sont deux vieux amis – des étrangers – qui emporteront sa décision : l'ambassadeur d'Autriche, Metternich, et celui d'Italie, Nigra.

La régente connaît assez l'Histoire pour savoir à quelles extrémités peut se livrer une foule révolutionnaire. Elle cède. Mais que faire, au juste ? Et par où échapper à l'émeute ? Comme Louis XVI en août 1792, comme Charles X en juillet 1830, comme Louis-Philippe en février 1848, un souverain – une souveraine – doit quitter les Tuileries à la sauvette pour échapper à la vindicte. Mais rien n'a été prévu en ce sens… Certes, dès le 13 août, le gouvernement de la reine Victoria a fait passer à l'impératrice un jeu de passeports britanniques vierges. Mais comment déjouer la foule en colère ? Avant tout, s'extirper des Tuileries !

Une souveraine n'a pas vraiment d'amies, mais Eugénie a pleine confiance en sa lectrice, Mme Lebreton. Puisque la discrétion commande qu'elle s'enfuie seule, ce sera donc en compagnie de cette personne discrète. L'on rassemble quelques affaires : un chapeau à voilette et un manteau de voyage imperméable, un coffret à bijoux, un sac de linge... Vers 13 h 30, un petit groupe de quelques gentilshommes et de quatre dames, sous la conduite des deux ambassadeurs, emprunte donc l'escalier de l'Impératrice, où salue, imperturbable, un garde de service ; parvenus au rez-de-chaussée, l'on gagne le petit perron par lequel, en 1791, Louis XVI était parti pour Varennes... Un coupé officiel attend, selon la consigne ; mais les armes aux portières, comme la livrée du cocher, sont jugées bien trop voyantes. La foule menace plus que jamais. Demi-tour !

Un moment de panique

L'idée qui s'impose alors est de quitter les Tuileries par le musée du Louvre. Mais au bout des corridors, les fugitifs trouvent fermée la porte de la Grande Galerie ! Que faire ? Après un moment de panique se présente le trésorier du palais, qui – hourra ! – possède une clé. Eugénie, au bras du diplomate italien, traverse le Salon carré, la galerie d'Apollon, la salle dite « des Sept-Cheminées ». C'est là que, devant la grande toile du *Radeau de la Méduse* – mais oui... –, l'impératrice en fuite prend congé de ses fidèles ; derniers baisemains, ultimes révérences...

Nigra et Metternich accompagnent Eugénie et Mme Lebreton jusqu'à l'issue de la colonnade du Louvre ; or – chose inouïe – ayant déniché, rue de Rivoli, un banal fiacre de louage, ils aident les dames à monter en voiture... et les abandonnent à leur sort ! Voici donc, au milieu des promeneurs du dimanche, et à deux pas de l'émeute, ces deux dames essayant de passer incognito. Commence alors la plus invraisemblable des courses à l'échalote. Eugénie et sa lectrice se sentent perdues. Chez qui se rendre ? Quelle adresse donner au cocher ?

« Chez M. Besson, boulevard Haussmann ! », lance Mme Lebreton. C'est le premier nom qui lui soit venu à l'esprit. Malchance : le conseiller d'État s'est absenté. Les deux fugitives attendent un moment dans l'immeuble, au troisième étage ; l'impératrice, épuisée, va jusqu'à s'asseoir dans l'escalier ! Mais il faut se rendre à l'évidence et chercher ailleurs. Pourquoi pas chez le chambellan, M. de Piennes ? Il habite avenue de Wagram. L'idée est venue, cette fois, d'Eugénie. Les deux dames, parties à pied, vont héler en route une voiture découverte et, au bout du chemin, trouver à nouveau porte close. Si l'on en croit le mémorialiste Maxime Du Camp, une femme de chambre du marquis serait allée jusqu'à injurier l'impératrice en fuite… Voici comment, d'échec en échec, s'est finalement imposé le nom du docteur Evans ; et comment Eugénie s'est retrouvée, en compagnie de Mme Lebreton, dans la bibliothèque de son dentiste. Avenue de l'Impératrice !

Thomas Evans, avec la permission de la réfugiée, met son ami Crane dans la confidence. Sitôt expédié le dîner d'amis, un plan est mis sur pied pour rejoindre Deauville – où se trouve Mme Evans, donc. Le train serait le meilleur moyen, mais, au cas où les nouvelles autorités françaises rechercheraient l'impératrice, manquerait de discrétion. C'est pourquoi, aux petites heures du lundi 5, les quatre fugitifs quittent le quartier dans le landau d'Evans.

« Ce traître de Trochu »

Comme lors de l'équipée de Varennes, chacun tient un rôle. Eugénie sera une malade anglaise que son médecin (Crane) raccompagne au pays, sous les auspices de son frère (Evans) et d'une infirmière (Mme Lebreton, fébrile et inquiète). La bonhomie d'Evans est un atout ; elle trompe sans peine la vigilance des factionnaires, à la grille de Maillot comme à l'octroi de Saint-Germain-en-Laye. Triel, Vaux, Meulan… Paris s'éloigne, ce qui soulage l'impératrice et sa suivante. Un peu avant Mantes, on repose les chevaux ; ces messieurs en profitent pour ravitailler les dames. On ne pourra guère aller plus loin avec des bêtes attelées depuis six heures ! Evans se met en quête de chevaux frais, que le loueur accepte de mener lui-même jusqu'à Pacy-sur-Eure. Le dentiste rapporte aussi le journal et apprend à ses compagnons d'infortune que, la veille, à l'hôtel de ville de Paris, a été proclamée la république. À la tête du gouvernement de la Défense nationale a été placé le général Trochu, gouverneur militaire ! Trochu ? C'est comme si Eugénie était tirée d'un songe. « Mais enfin… Comment a-t-il pu nous trahir ainsi ? À qui aurais-je pu me fier si ce n'est à lui, un soldat choisi par l'empereur lui-même ! »

Sa voix se brise, ses yeux s'embuent. Il est 14 heures quand le nouvel équipage parvient à Pacy, où il convient de trouver des chevaux frais et une autre voiture… Problème épineux. C'est finalement une fermière, Mme Evrard, qui consent à aider les voyageurs ; elle leur procure un cocher et deux canassons mal assortis – l'un des deux est une sorte de poney – et un véhicule jugé par le docteur Evans « si usé, si déchiré, si cassé, si repeint, si rapiécé, si raccommodé, si recloué, si reficelé qu'on aurait pu lui donner le nom qu'on aurait voulu ». Avec sa vieille caisse verte et ses grandes roues jaune vif, il a tout de la roulotte de saltimbanque… Fouette, cocher !

À Évreux, il faut traverser dans cet équipage une fête patriotique où l'on crie « Vive la République ! ». Impossible d'atteindre Lisieux avant la tombée du jour ; et d'autant plus qu'après un nouveau relais la guimbarde finit par céder au niveau du palonnier ! Après avoir réparé tant bien que mal, il faudra se résoudre à passer la nuit dans une auberge, sur la route de Bemay. En dépit de tous les efforts d'Evans, la chambre de ces dames est si pauvre, si comiquement rustique qu'Eugénie, à bout de nerfs, est prise d'un irrépressible fou rire – au grand dépit de Mme Lebreton, qui goûte de moins en moins la folle équipée. Image inoubliable que celle de cette souveraine, hier encore au sommet de tout, riant à s'en faire mal de l'absurde chute que lui impose le sort…

Une traversée à haut risque

Le lendemain, c'est à bord du tortillard local que les quatre compagnons poursuivent leur odyssée, jusqu'à Serquigny, où ils attrapent l'express Paris-Cherbourg. Un chef de gare a sans doute reconnu l'impératrice ; il lui a jeté – dira-t-elle – un regard de haine, mais ne l'a pas dénoncée. Il est vrai qu'elle n'est pas recherchée, comme l'explique son biographe, Jean des Cars, « sur la foi d'une rumeur, les nouvelles autorités croient qu'Eugénie est passée en Belgique, *via* Maubeuge, dans la soirée » du 4. Ça l'eût tranquillisée de le savoir…

Au-delà de Lisieux, il faut reprendre une voiture à cheval, jusqu'à Deauville – enfin – et à l'hôtel du Casino. Evans et sa « sœur » gagnent par l'escalier de service la chambre de Mme Evans, tandis que le « médecin anglais » et l'« infirmière » font diversion dans le hall. « Ah ! aurait soupiré l'impératrice en saluant l'épouse de son dentiste, je suis sauvée ! » Est-ce si sûr ? Reste la dernière étape : celle de la traversée de la Manche. C'est après bien des palabres qu'Evans parvient à convaincre un régatier britannique, Sir George Burgogne, et son épouse d'accepter à leur bord celle qu'il leur a présentée d'emblée sous son identité. De nuit, par un interminable sentier boueux, la fugitive et sa compagne, toujours avec le bon dentiste – Crane étant reparti –, embarquent sur le petit yacht au joli nom de *Gazelle*. À peine à bord, la souveraine éclate en sanglots.

Aurait-elle pu imaginer que le pire était à venir ? Les dix-huit heures qui vont suivre seront les plus longues de la vie de nos trois fugitifs. Car leur esquif sera la proie d'une tempête affreuse – si affreuse en fait que, cette même nuit, elle enverra par le fond un vaisseau de guerre anglais, le *Captain*. Et quand, enfin, plus morts que vifs, les trois rescapés aborderont l'Angleterre, à l'île de Wight, ce sera pour se voir refuser l'accès d'un hôtel respectable, leur apparence ayant été jugée « trop négligée » par le réceptionniste ! Souvent, par la suite, l'ancienne impératrice Eugénie devait raconter ce chapitre épique de son existence. Or, de l'aveu unanime, ce qui paraissait l'avoir le plus meurtrie dans l'aventure n'était ni la guimbarde verte et jaune, ni l'hôtel des courants d'air, ni les regards en coin, ni même la tempête au cours de laquelle Mme Lebreton s'était tant cramponnée à son chapelet… Non. La péripétie qui, comme au premier jour, continuait de bouleverser la souveraine déchue était la découverte inattendue, par un titre dans un journal, de la stupéfiante, de l'impardonnable trahison du général Trochu. La suite des événements la vengera un peu : Trochu devra démissionner dès janvier 1871, après la calamiteuse sortie militaire de Buzenval – « Trochu, cinglera Victor Hugo, participe passé du verbe trop choir ».

La malédiction d'Eugénie

Réfugiée en Grande-Bretagne, l'impératrice loue, à Chislehurst, au sud-est de Londres, la résidence de Camden Place, jadis bâtie, comme l'indique son nom, pour l'historien William Camden. C'est là que la rejoint Napoléon III au sortir de sa captivité en Allemagne ; là qu'ils recevront ensemble les visites de la reine Victoria et du Premier ministre Gladstone ; là enfin que mourra l'empereur déchu, en janvier 1873. Exilée, veuve, Eugénie se raccroche alors à son cher fils, bientôt cadet à l'académie royale militaire de Woolwitch. Mais en juin 1879, alors qu'il n'est âgé que de 23 ans, le prince impérial trépasse à son tour, tué par des Zoulous alors qu'il servait comme cavalier le drapeau britannique en Afrique du Sud… Celle qui, désormais, voyagera si souvent incognito sous le nom de « comtesse de Pierrefonds » reste vraiment seule…
En 1885, elle s'installe à Farnborough, dans le Hampshire, dans le sud de l'Angleterre, où elle a fondé l'abbaye Saint-Michel, dont elle a confié l'architecture à Gabriel-

Hippolyte Destailleur, auteur aussi du mausolée où sont transférées les dépouilles des chers disparus. Eugénie, née Montijo, ancienne impératrice des Français, ne les rejoindra qu'en 1920, après avoir connu le cinéma, l'automobile et l'aéroplane – 1920 : un demi-siècle tout rond après la chute du Second Empire et la fuite éperdue de la régente à travers la Normandie…

16

Le crépuscule des samouraïs

Chant du cygne de ces guerriers traditionnels balayés, par les réformes brutales de l'ère Meiji, la bataille de Shiroyama, le 24 septembre 1877, revêt des accents tragiques... Elle aura vu quelques centaines d'entre eux se sacrifier sous les balles de milliers de soldats modernes.

Lexique

Bushido : « la voie du guerrier », en japonais, est le code d'honneur des samouraïs, qui dicte aussi bien leur conduite au combat que leur vie spirituelle.
Hagakure : recueil des pensées et enseignements de Yamamoto Tsunetomo à l'adresse des samouraïs (début XVIIIe siècle).
Samouraïs : guerriers apparus vers l'an 900, soumis à un daimyo (seigneur local) et constitués petit à petit en une

caste militaire (*buke*) vouée au métier des armes. Mis de côté sous la période pacifique des Tokugawa (1603-1867), ils concourent à la restauration de l'empereur Mutsuhito.
Seppuku : connu en France sous le nom de « hara-kiri », suicide par éventrement au moyen d'un sabre court ; essentiellement pratiqué entre 1600 et 1945.
Shogunat : autorité du shogun, chef militaire suprême, qui de 1192 à 1867 exerce le véritable pouvoir au détriment de l'empereur, réduit au religieux.

L'action, connue de tous les Japonais, se situe vers la pointe méridionale de l'archipel, dans le sud même de l'île de Kyushu, en surplomb de cette baie de Kagoshima que les navigateurs occidentaux ont appelée « la Naples de l'Orient ». D'un point de vue historique, la bataille elle-même conclut sans équivoque la rébellion dite « de Satsuma » ; elle marque l'effondrement des samouraïs face à l'armée impériale – une armée indifférenciée de paysans conscrits. L'ordre des choses, dira-t-on… Mais, sur un plan culturel, la défaite des samouraïs demeure difficile à digérer pour la société japonaise.

Un homme a précipité le mouvement : le brillant Saigo Takamori, chef du domaine de Satsuma. Il est essentiel de savoir qu'avant de prendre la tête d'une rébellion contre le pouvoir impérial, Saigo a fait partie de ces hommes de tradition qui ont aidé le jeune empereur Mutsuhito à liquider le shogunat déclinant des Tokugawa, qui avait dominé le Japon durant près de trois siècles. Ainsi a-t-il compté parmi les artisans de l'ère Meiji, autant dire parmi les partisans d'une ouverture de l'archipel à la modernité. « Vers 1867-1868, explique l'historien Pierre-François Souyri, la plupart des anciens partisans de l'expulsion des barbares sont désormais convaincus que la seule politique possible pour le pays, c'est son ouverture maîtrisée et l'assimilation rapide des technologies occidentales. [...] Les samouraïs hostiles aux étrangers et favorables à leur expulsion en 1850 sont, moins de vingt ans plus tard, ceux qui portent à bout de bras la modernisation accélérée du pays. »

Le sabre interdit

Saigo Takamori est le premier de ceux-là. Devenu ministre de la Guerre, il a même contribué à mettre sur pied l'armée moderne qu'un jour il finira par combattre ! Par la suite, son tort aura été de prétendre employer cette armée toute neuve à la conquête de la Corée – « Trop tôt ! » a dit l'empereur, qui s'est défié de ses conseils et a préféré se passer de ses services. De retour chez lui, à Kyushu, Saigo remâche sa rancœur ; et c'est par dépit, sans doute, qu'il va prétendre former, dans le domaine de Satsuma, une génération nouvelle de guerriers à l'ancienne – de parfaits samouraïs. Difficile de s'opposer plus ouvertement à la marche des réformes officielles...

De fait, l'empereur s'impatiente et souhaite montrer son refus des traditions trop voyantes. En 1876, interdiction est faite aux samouraïs de porter en public le sabre long (*katana*), symbole de l'âme du guerrier, comme le sabre court (*wakisashi*). Cet *haitorei* – édit du 28 mai 1876 – vise directement les samouraïs et provoque leur colère. Les élèves de Saigo Takamori, ses parents, mais aussi ses fidèles et ses alliés de Satsuma entrent en révolte. Saigo les calmera-t-il ? Il en a grandement le pouvoir, mais il préfère laisser dégénérer les choses ; pis : il les encourage ! Aussi est-ce pour ramener à la raison ce clan révolté qu'en janvier 1877 une unité navale mouille dans la baie de Kagoshima. Sa mission : désarmer ce qui, vu de Tokyo, apparaît comme un défi au pouvoir central.

Outré de l'offense, Saigo fait un pas de plus dans la provocation en mettant son bataillon de samouraïs en ordre de combat : en février, il entreprend même d'assiéger la garnison impériale du château fortifié de Kumamoto, à une centaine de kilomètres au nord de Kagoshima. Erreur stratégique, semble-t-il, car le gouvernement, jouant de cet « abcès de fixation », en profite pour acheminer dans l'île quelque 300 000 soldats conscrits qui, par la seule force du nombre – et en dépit d'une résistance acharnée des samouraïs de Satsuma –, viennent à bout, en six semaines, du gros des forces de Saigo, soit une vingtaine de milliers d'hommes.

Restent, autour du chef traditionnel, quelques centaines seulement de valeureux guerriers, vétérans rescapés de combats déjà impitoyables. Ils ne sont guère plus de 300, 400 peut-être, à se replier avec lui sur la colline de Shiroyama. Face à eux, sous le commandement du général Yamagata Aritomo – lui-même issu d'une illustre lignée de samouraïs –, encore plus de 30 000 paysans disciplinés, interchangeables, formés aux méthodes de la guerre moderne. Et forcément bien équipés d'armes à feu. Les samouraïs, contrairement à la légende, ne méprisent pas ces dernières, dont ils se servent même avec efficacité. Simplement, ils les regardent comme inférieures aux nobles sabres, arborés comme un prolongement d'eux-mêmes. Surtout, ils refusent de changer leurs pratiques ancestrales de combat.

L'affrontement décisif, à dix contre un, commence le 1er septembre 1877. Ce n'est pas une bataille ordinaire, mais un instant de vérité pour la nouvelle société Meiji, six ans après le décret instituant l'égalité devant la loi de tous les citoyens. La survie des samouraïs ou leur disparition : tel est l'enjeu du combat.

Hollywood revisite le mythe

En 2003, le producteur et réalisateur américain Edward Zwick tourne, sur un scénario original de John Logan, *The Last Samouraï* (*Le Dernier Samouraï*, en français), librement inspiré de la rébellion de Satsuma et de son épilogue, la bataille de Shiroyama. Le film met en scène un vétéran américain, Nathan Algren (interprété par Tom Cruise), personnage inspiré d'un polytechnicien français, le capitaine Brunet, converti au combat d'arrière-garde des samouraïs pour leur survie. Dans le film, Algren se fait le soutien principal d'un chef traditionnel, Katsumoto (Ken Watanabe), lui-même inspiré plus ou moins de la figure devenue légendaire de Saigo. Cette fiction, plaidoyer pour la culture des samouraïs – et chant à la gloire de son acteur principal... –, a connu un succès mondial ; elle a même remporté quatre Oscars en 2004.

Des canons contre des mousquets

Les samouraïs ! Ces guerriers magnifiques étaient, au fil des siècles, devenus les piliers de la société nippone. « Représentant environ 6 % de la population totale, ils formaient une puissante classe de notables qui avait monopolisé successivement le pouvoir militaire, l'autorité politique et l'influence intellectuelle, devait estimer l'historien américain Edwin Reischauer. Ils possédaient collectivement une appréciable fortune transmissible par héritage, même si individuellement ils devaient souvent se contenter de revenus misérables. » La rébellion du clan Satsuma est en quelque sorte le dernier sursaut d'une classe mise en danger par l'empire restauré ; ce sera pour elle l'épreuve déterminante… ou le baroud d'honneur.

Le fait est que les troupes de Yamagata Aritomo sont donc infiniment supérieures en nombre, et fortement épaulées par l'infanterie de marine de l'amiral Kawamura Sumiyoshi – un parent par alliance de Saigo… Pourtant, le chef de l'armée impériale régulière refuse de s'estimer trop tôt vainqueur ; il aurait même tendance à minimiser sa supériorité numérique et la modernité de ses équipements. Prenant plus que jamais au sérieux cette poignée de samouraïs convaincus de n'avoir rien d'autre à perdre que l'honneur, il encercle la colline avec une précision d'horloger – ou, si l'on veut, d'artilleur… Fossés, terrasses, défenses sont minutieusement positionnés, ainsi que les batteries qu'appuieront bientôt les canons de cinq navires de guerre. En face, pas de canons, certes ; seulement des mousquets d'un autre âge, chargés de balles artisanales.

La plupart ont été fondues à partir de toutes sortes d'objets métalliques – dont des statuettes réquisitionnées sur le domaine et acheminées en contrebande par une foule anonyme de partisans et d'admirateurs. Les samouraïs ne sont-ils pas d'invincibles guerriers ? En vérité, personne n'est dupe de l'inégalité criante des forces en présence ; et Yamagata, de bonne foi sans doute, supplie instamment Saigo de se rendre. Mais comment contourner le code d'honneur – le bushido ?

Les combats sont précédés, dans la nuit du 23 au 24 septembre, d'une aussi intense que démesurée préparation d'artillerie. Les troupes impériales attaquent de partout à la fois, selon une stratégie de resserrement concentrique qui vise à étrangler l'adversaire.

Or les samouraïs résistent bien sous la mitraille ; et lorsqu'un rapprochement au corps à corps rend opérante leur redoutable technique du sabre (*kenjutsu*), ils affichent même une supériorité flagrante, laminant des lignes entières d'assaillants en uniforme. Le nombre, cependant, les réduit à l'impuissance – ainsi que la tactique adoptée par Yamagata, qui a veillé à ce qu'aucun repli, aucune retraite ne soit tolérée : en cas de recul d'une ligne d'assaillants, les bataillons voisins ont reçu l'ordre de tirer indistinctement sur les combattants des deux camps…

« Jusqu'à la mort »

Lorsque le soleil commence à s'élever, la lumière qu'il jette sur la colline de Shiroyama ne permet plus aucun doute. Les malheureux samouraïs – bien pitoyables sous la vaine splendeur de leurs armures – font figure de fantômes d'un autre temps, égarés dans l'horreur impersonnelle de la guerre moderne. Combien sont-ils, encore debout ? Quarante ? Cinquante ? Au milieu d'eux, Saigo Takamori, pantelant sous le coup de blessures multiples et profondes. Ses fidèles lieutenants – dont le plus fameux répond au nom de Shinsuke Beppu – le portent comme ils peuvent en contrebas, à l'écart de la mêlée, pour l'aider à se donner la mort selon le rituel du bushido appelé « seppuku ».

Ainsi périrent, dans le soleil levant, les ultimes représentants d'une classe immémoriale de guerriers demeurés sans pareils – de guerriers-philosophes, si l'on en croit leurs défenseurs. « La voie du samouraï, lit-on par exemple dans le *Hagakure* si cher à Mishima, requiert de savoir qu'à tout moment un événement peut survenir qui mette à l'épreuve la profondeur de sa résolution. [...] Selon les circonstances, il se pourra que le samouraï gagne ou qu'il perde. Mais éviter le déshonneur n'a rien à voir avec gagner ou perdre. Pour éviter le déshonneur, il lui faudra mourir. [...] Cela ne lui demandera ni savoir, ni talent particulier. Le samouraï expérimenté ne pense ni à la victoire, ni à la défaite ; il se contente de se battre comme un fou jusqu'à la mort. »

Une figure populaire

Ses hommes vaincus, Saigo se serait fait seppuku, selon la version de son clan. Il paraît plus probable qu'il ait été – pour l'honneur – décapité par son second après avoir succombé à ses blessures. Au nom d'une implacable

tradition, sa tête, avec celles de plusieurs de ses lieutenants, est envoyée au jeune empereur.
Mutsuhito, qui est entré dans les manuels d'histoire comme l'empereur Meiji (1852-1912), restaurateur du pouvoir impérial et grand réformateur, n'en vouait pas moins – comme tout Japonais – un grand respect aux samouraïs et à ce qu'ils représentaient. Douze ans après l'écrasement de la rébellion de Satsuma, il choisit donc d'effacer l'injure et d'accorder à titre posthume sa grâce à Saigo Takamori, le 22 février 1889. Des statues du héros, comme celle de Takamura Koun, à Tokyo, orneront désormais divers lieux publics de l'archipel.

17

Deux vainqueurs pour un pôle

En 1909, les explorateurs Robert Peary et Frederick Cook revendiquent la conquête du pôle Nord. Entre les deux Américains va s'engager une nouvelle lutte pour la paternité de cet exploit.

« Avez-vous des nouvelles ? Sait-on s'ils ont réussi ? » Au tournant du XXe siècle, l'attrait pour les deux pôles magnétiques est intact : aucun être humain n'a pu les fouler encore. Le pôle Sud ne sera atteint qu'en 1911 par le Norvégien Roald Amundsen, coiffant au poteau la malheureuse expédition britannique de Robert Falcon Scott. Quant au pôle Nord – un point maritime occupé par la banquise –, c'est deux ans plus tôt, en 1909, que l'homme est censé s'en être rendu le maître. « Censé », seulement, car la preuve formelle d'un tel exploit ne sera jamais établie.

Ce rêve impossible, l'explorateur Robert Peary l'aura caressé toute sa vie. Après deux grandes expéditions à travers le Groenland, cet ingénieur civil de la marine a entrepris pas moins de six campagnes à l'assaut du pôle. La première est menée en 1893-1894, la deuxième l'année suivante et la troisième l'année d'après ; suivront de nouvelles tentatives en 1902 et 1905, avant que Peary, tiré par ses chiens, ne touche enfin au but, au printemps de 1909. Du moins si l'on s'en remet à ses dires…

Il a pris le chemin du pôle le 1er mars 1909, quittant son navire, le *Theodore Roosevelt*, à la tête d'une petite vingtaine de traîneaux à chiens. Un équipage de 24 hommes et d'importants bagages doivent lui permettre de disposer de plusieurs relais le long de sa route et d'économiser ses forces le plus longtemps possible. Surtout, parvenu à 250 kilomètres environ de l'objectif, il devrait ainsi pouvoir choisir les hommes et les animaux les plus frais pour accomplir la fin du voyage.

Règle de trois

Pôle Nord géographique : l'axe de rotation de la Terre (incliné de 60° 30' par rapport au plan de l'orbite terrestre) passe par les pôles géographiques. Le pôle Nord géographique se situe au milieu de l'océan Arctique dans une zone entièrement couverte par la banquise.
Pôle Nord magnétique : c'est l'endroit où le champ magnétique de la planète pointe vers le bas. Conséquence du déplacement du noyau ferreux de la Terre, ce pôle bouge d'environ 40 kilomètres par an. Localisé dans le nord du Canada, il devrait, dans cinquante ans, se situer au-dessus de la Sibérie.

Pôle Nord de l'inaccessibilité : le seul qui ne se réfère pas à une donnée physique. Il désigne le point de l'océan Arctique le plus éloigné de toute côte.

Prêt à manger du chien cru

Peary avance tête baissée dans le froid venteux lorsque lui apparaît à l'horizon cette ligne sombre que redoutent les coureurs de pôle : une masse d'eau libre interrompant la banquise ! Alors, il n'y a guère d'autre choix pour lui que d'attendre, attendre que l'eau gèle… On en profite pour envoyer quelques Inuits à l'arrière remplacer des bidons de pétrole qui ont tendance à fuir. Enfin, le 10 mars, la caravane des neiges est repartie ; elle dépasse dans la foulée le 84e degré de latitude nord : plus que six à franchir pour atteindre les 90 degrés tant attendus ! La température, elle, descend volontiers à – 50 °C ! En l'absence de convoi de secours, la progression dans l'enfer blanc paraît de plus en plus aventureuse : qu'importe ! Peary est prêt, s'il le faut, à brûler ses traîneaux pour survivre, à manger même du chien cru ! Il l'a dit, il s'y tient : « Nous ne nous arrêterons pas ! » Partout alentour, la banquise manifeste d'inquiétants signes de faiblesse : craquements, grondements, sifflements sinistres qui laissent augurer les pires effondrements, jusqu'à l'engloutissement de la maigre file de traîneaux dans des eaux sombres, glaciales… Chaque brisure n'en sera pas moins contournée ; chaque interruption, surmontée. Au prix de souffrances difficiles à imaginer, Robert Peary et ses hommes atteindront ainsi, le 20 mars, 85° 23'.

À ce stade, la moitié des traîneaux a été renvoyée ; ne demeurent que 12 hommes : 4 Blancs, 8 Inuits. Les chiens, amaigris, semblent à bout de forces.

Passé le 87e degré de latitude nord, on entre dans une zone géographique encore inconnue de tout être humain. Chaos de glace brisée, ressoudée, amoncelée au gré des mouvements de la banquise… Le soleil rasant ne verse sur ces contrées extrêmes qu'un jour grisâtre, étrange. « Une atmosphère plus spectrale et plus inquiétante ne saurait être imaginée, fût-ce par Dante lui-même, note Peary ; le ciel et la glace semblent comme atténués, irréels. »

Encore bloqué par un fleuve éphémère d'eau non gelée, Peary décide de faire halte sur ses rives – mauvaise idée : la banquise va s'ouvrir au beau milieu du campement, et des hommes et des chiens se trouveront emportés sur un plateau de glace… Plus de peur que de mal ; mais il faut tout de même vingt-quatre heures à l'aventurier pour rassembler son petit monde, au prix d'efforts inouïs, et se remettre en marche. Qu'importe, qu'importe ! Peary voit approcher le 88e degré. La gorge nouée, il lui faut se résoudre à annoncer à son second, Bartlett, que le moment est venu. Moment de se séparer du gros de la troupe, et de continuer seul. Moment pour Bartlett de faire demi-tour et de regagner le *Roosevelt*, avec ceux qui, si près du but, doivent renoncer à fouler le pôle Nord.

Un paysage de fin du monde

Les quelque 260 kilomètres restants, Robert Peary a donc choisi de les parcourir avec seulement cinq traîneaux

– les plus solides – et 40 de ses meilleurs chiens ; ne l'accompagnent plus que son valet noir, Matthew A. Henson, et quatre Inuits. Dans quel état d'esprit l'explorateur chemine-t-il, désormais, à travers la monotonie funèbre de ce paysage de fin du monde ? Il semble, à l'en croire, que la concentration l'emporte sur l'excitation d'une victoire annoncée. Les cinq traîneaux progressent désormais à raison de 20 à 30 miles par jour, ce qui est considérable. On peut imaginer, à chaque point quotidien, la froide jubilation de cet homme qui, depuis seize ans, n'a eu d'autre ambition que d'atteindre un pôle à présent tout proche… C'est le 6 avril 1909, sur les coups de 10 heures du matin, que Robert Peary lève enfin le bras pour que s'arrête son convoi. Geste solennel. Les cinq hommes qui l'accompagnent se regardent, incrédules : aurait-on atteint le pôle Nord ? L'explorateur, une fois de plus, recourt au sextant… Observations, mesures, calculs : au regard du chef, à son sourire que ne cachent pas entièrement la barbe et les fourrures, ils comprennent que le but est sinon atteint, du moins très proche. 89° 57' ! Une satisfaction intense transpire du journal de l'Américain : « Le pôle, enfin ! écrit-il. Le prix de trois siècles d'efforts. Mon rêve, mon but de vingt ans. Il est à moi, enfin ! »

Le lendemain, parvenu selon ses calculs à l'endroit précis du pôle, Robert Peary ne manque pas d'y planter le drapeau qu'il gardait religieusement, plié, dans ses bagages ; il dépose aussi un bulletin de victoire, glissé dans une bouteille que les mouvements de la banquise se chargeront, sans aucun doute, de broyer et d'anéantir. Il a réalisé son rêve, accompli son exploit. À moins que…

Le pôle conquis, reste pour Robert Peary à faire connaître sa victoire. Il va falloir des semaines à l'explorateur pour rejoindre le gros de son équipage, gagner Indian Harbor, au Labrador, y trouver des moyens de transmission et câbler enfin au gouverneur de Terre-Neuve la nouvelle de son haut fait du 6 avril. Cette information sensationnelle est donc connue avec cinq mois de retard, le 6 septembre 1909. Or – coïncidence absolument extraordinaire – la veille de ce jour historique, le 5 septembre, de Copenhague a surgi une autre nouvelle : un second explorateur, américain lui aussi, un médecin du nom de Frederick A. Cook, affirme avoir atteint le pôle Nord dès le 21 avril 1908. Une année avant Peary !

Dans ce cas, pourquoi ne l'avoir pas fait savoir plus tôt ? Parce que, argue ce concurrent sorti du néant, il a été poussé à l'ouest par la dérive des glaces et a longtemps erré, au retour, dans l'archipel du Labrador.

Fâcheuse concomitance, désespérante pour Peary et les siens. Au moins, ce Cook peut-il prouver ce qu'il avance ? Tous ses journaux de bord, affirme-t-il, tous ses calculs, il s'en est délesté en les confiant à un certain Harry Whitney, riche Américain chasseur de phoques. Impossible d'y accéder avant le retour de ce dernier aux États-Unis… En attendant, Frederick Cook se montre bon prince à l'égard de Peary, estimant que son concurrent mérite bien d'avoir atteint le pôle à son tour. À Copenhague, il donne le 8 septembre une conférence inspirée, lyrique même, quoique singulièrement dépourvue d'éléments précis et chiffrés.

Controverse

Robert Peary, de son côté, ne tarde pas à faire preuve d'animosité. « Le récit de Cook, déclare-t-il à un envoyé de l'*Associated Press*, ne doit pas être pris au sérieux. Deux Esquimaux qui l'accompagnèrent disent qu'il ne s'est guère aventuré vers le nord et qu'il n'a pas perdu la terre de vue. » Dès lors, deux camps vont bientôt se former dans le petit monde des explorateurs. « Peary est le plus colossal blagueur que l'Amérique ait produit », dit-on du côté de l'*Arctic Club of America*. À quoi le président du *Peary Arctic Club* répond qu'il faut être naïf pour accorder un crédit quelconque aux allégations d'un Cook… Mais qui donc croire ?

En vérité, le récit du Dr Cook ne manque pas d'éléments crédibles. Parti du nord de l'île Axel-Heilberg le 18 mars 1908, accompagné d'une dizaine d'Inuits, il emmenait 11 traîneaux, tirés par une bonne centaine de chiens. Le 22 mars, il a cru reconnaître la terre de Crocker, découverte par Peary au cours d'une de ses précédentes expéditions. Le 30, il s'est heurté à une haute falaise de glace, qu'il suppose avoir encore appartenu à la terre ferme. Les deux semaines suivantes, il devait traverser – et surmonter – le même type d'épreuves que celles dont Peary viendrait à bout de son côté. Le 88e degré de latitude nord a été dépassé le 11 avril ; dix jours plus tard, le 21 avril donc, Cook plantait le tout premier drapeau américain au pôle Nord – ou dans ses environs immédiats.

« Qu'il apporte les documents à l'appui de ce qu'il raconte ! » peste Peary devant tant de tranquille arrogance. Peut-on faire remarquer au passage qu'une telle exigence de sa part relève de la mauvaise foi ? En effet, le dépositaire des documents de voyage de Cook, Harry Whitney, est rentré du Groenland aux États-Unis sur un navire qui n'est autre que… le *Roosevelt* ; or, Robert Peary en personne s'est opposé à ce que l'on embarque la caisse confiée à son passager par le Dr Cook ! Ainsi, du fait de la mauvaise humeur de Peary, les pièces justificatives de son concurrent sont restées à l'abandon au fin fond d'un fjord gelé, quelque part en terre d'Inglefield, du côté d'Etah ! Les recherches entreprises pour la retrouver n'aboutiront jamais…

Ajoutons, pour ne rien laisser dans l'ombre, que la preuve sera plus tard apportée que, avant de refuser d'embarquer sur son navire à vapeur la caisse renfermant les documents de voyage appartenant à son concurrent, Robert Peary est allé jusqu'à l'ouvrir de son propre chef, à en tirer plusieurs relevés d'observations et à décacheter un courrier privé, adressé à Mme Cook par son mari ! Sans contester l'honnêteté de « l'Amiral » quant à son expédition victorieuse, il est donc permis, pour le moins, de douter de sa droiture.

Au Congrès de trancher entre pearystes et cookistes

C'est sur cet épineux dossier, inéquitable et parcellaire, que vont devoir se fonder les membres de la commission nommée par le Congrès des États-Unis pour départager officiellement, une fois pour toutes, ceux que l'on n'appelle déjà plus que « pearystes » et « cookistes ». Or, de manière incontestable, les documents supposés de Cook ayant disparu, les éléments factuels, le faisceau d'indices, les calculs cohérents demeurent du côté de Peary. Et c'est donc lui que le Congrès va couronner, non sans prendre le soin de préciser qu'il aura fallu, pour ce faire, croire sur parole l'officier de marine, ses preuves se révélant notoirement insuffisantes. Jusqu'à sa mort, en 1920, Robert Peary n'en sera pas moins révéré comme un héros, sa disparition entraînant d'évidence un deuil national.

Quant à Cook, il va longtemps survivre à son amère déception. Or, sur ces matières, la longévité n'est pas le moindre des atouts… En 1937, l'*Encyclopaedia Britannica* ayant osé affirmer que « ses prétentions sont universellement rejetées », le Dr Cook assigne les éditeurs en justice et réclame 25 000 dollars de dommages-intérêts. En 1953, il publie des Mémoires où, sans ambages, il réaffirme avoir été le premier à fouler le pôle Nord ; et l'année suivante, un article de la sérieuse revue *Blue Book* semble lui donner raison. Les rédacteurs contestent en effet l'exactitude des calculs de Robert Peary, soulignent le flottement du journal de l'explorateur après le départ de Bartlett, estiment qu'il aurait, à bout de forces, profité de l'ignorance de ceux qui l'accompagnaient pour décréter, au juger – pour ne pas dire au hasard –, l'emplacement du pôle…

Comme l'a écrit l'officier de marine Robert de La Croix, « en tout état de cause, nous avons du moins la certitude que Robert Peary est monté très près du pôle, certitude que nous n'avons pas avec Frederick Cook ». J'ajouterai volontiers une certitude plus grande encore : en 1968, un troisième Américain, Ralph Plaisted, devait atteindre le pôle Nord avec des motoneiges ; cette fois, sans contestation possible.

Presque au but

En 1607, Henry Hudson, fondateur de la ville de New York, atteint la latitude de 80° 23'. Son navire se trouve alors à 1 068 kilomètres du pôle.

En 1773, Constantine John Phipps, parti avec deux navires, le *Racehorse* et le *Carcass*, se hisse « un peu plus haut » 80° 48' ! Le plus jeune membre de l'expédition n'est autre que Horatio Nelson, le futur vainqueur de Trafalgar.

En 1895, le Norvégien Fridtjof Nansen parvient en traîneau à chiens jusqu'à un point situé à 86° 13'.

En 1900, Umberto Cagni, compagnon d'aventures du prince Louis Amédée de Savoie, duc des Abruzzes, enregistre un nouveau record, à 86° 34', ce qui le situe à 803 kilomètres du pôle. L'un des trois groupes d'explorateurs de l'expédition se perdra – et ne sera jamais retrouvé.

18

L'ÉTRANGE ABDICATION DE NICOLAS II

En février 1917, le tsar est sur le front quand il reçoit la nouvelle de l'insurrection qui secoue la capitale, Petrograd. Une série de malentendus va conduire le souverain désemparé à se déposséder de sa couronne.

Au commencement de 1917, recevant en audience Mikhaïl Rodzianko, président de la douma, le tsar Nicolas II lui fait cet incroyable aveu de faiblesse : « Je me suis efforcé pendant vingt-deux ans de faire pour le mieux ; me serais-je tout le temps trompé ? » Le fait est que son règne, commencé en 1894, a connu bien des déboires, dont la désastreuse guerre de 1905 contre le Japon et la révolution consécutive, alors noyée dans le sang. Comble de malheur : le seul fils du couple impérial, le tsarévitch Alexis, est atteint d'hémophilie. C'est pour tenter de résister à cette malédiction que le tsar et, plus encore, son épouse ont fait entrer dans leur intimité le sulfureux mage

Raspoutine, jusqu'à lui conférer un droit de regard sur la marche de l'État.

Un décalage de treize jours

Les dates indiquées dans ce chapitre sont celles du calendrier julien, alors en vigueur en Russie. Dans les pays occidentaux, on a depuis longtemps adopté le calendrier grégorien. Ainsi l'abdication du tsar, datée du 2 mars sur les documents officiels, correspond-elle, à Paris par exemple, au 15 mars 1917 – soit un décalage de treize jours. Cette deuxième révolution russe (après celle de 1905), datée pour nous de mars 1917, est appelée à Moscou « révolution de Février ». Il en est de même pour la « révolution d'Octobre », datée, dans les pays occidentaux, du mois de novembre.

Situation insurrectionnelle

La situation s'est encore aggravée depuis que Nicolas, en septembre 1915, a choisi de prendre lui-même la tête d'un état-major déstabilisé par les cruels débuts de la Grande Guerre. Demeurée seule avec Raspoutine à Saint-Pétersbourg – rebaptisée Petrograd en 1914 en raison de l'assonance trop germanique qu'a pris ce nom quand éclate le conflit avec l'Allemagne –, la tsarine n'a fait qu'accentuer l'enlisement de la Cour et du gouvernement dans un entre-soi délétère, coupé de la société russe.

Certes, un petit cénacle princier, excédé de voir l'autocratie s'en aller à vau-l'eau, a fini par assassiner Raspoutine, le 17 décembre 1916. Trop tard, sans doute… Le tsar, revenu quelque temps à Tsarskoïe Selo, y a trouvé son épouse anéantie de chagrin et ses ministres dépassés par la situation. À cette époque, la faiblesse du pouvoir donne des ailes à tous les ambitieux : les députés de la douma, encore favorables pour la plupart au principe monarchique, mais aussi nombre de révolutionnaires qui, depuis onze ans, rêvent de soviets et de république. À Petrograd, des risques de famine, amplifiés par la rumeur, conduisent de plus en plus d'ouvriers à la grève et certains réservistes à reprendre les armes. Situation pré-insurrectionnelle, qu'aggravent chaque jour des incohérences au sommet. Un nouveau président du Conseil est nommé, Golitsyne, inexpérimenté en dépit de son grand âge ; il n'a même pas d'autorité sur son ministre de l'Intérieur, Protopopov, lui-même notoirement incompétent, au point d'être décrit comme à moitié fou… Pour les Romanov, le ciel s'obscurcit de jour en jour.

Fin février, Nicolas II est de retour au Grand Quartier général de Moguilev, sur le Dniepr – pour les initiés : la *Stavka*. Il est donc loin, très loin de Petrograd lorsque l'émeute du 25 y éclate. La douma en ébullition profite des circonstances pour exiger la démission du cabinet et la formation d'un gouvernement responsable devant le Parlement. Quand elles parviennent à l'entourage du tsar, ces nouvelles font l'effet d'un séisme… Le 28, Nicolas II prend la décision de rentrer dans sa capitale ; encore faudrait-il que le convoi impérial puisse circuler ! Or, deux compagnies de soldats révoltés ayant occupé la voie ferrée, il est contraint de faire halte à Dno – qui veut dire « abîme ». On ne peut s'empêcher de songer à Louis XVI, bloqué à Varennes... Il faut faire machine arrière jusqu'à Pskov, où tout va se jouer.

« Je suis la destinée fatale de la Russie »

Le tsar a beau se maîtriser et arborer toujours un sourire aussi doux que son regard, il apparaît à ses familiers de plus en plus las et désemparé. Sujet à de lancinantes douleurs cardiaques, il ne peut cacher davantage une fatigue que soulignent ses traits tirés. Mal entouré, mal secondé, Nicolas n'a mesuré qu'imparfaitement l'exaspération des milieux évolués de Petrograd, tout en sous-estimant les ressources d'un empire très puissant, moins malmené par le conflit que ne le prétendent les influents généraux en chef.

Sa popularité est presque intacte dans les profondeurs du peuple ; le « petit père » le sent bien, mais il n'en tire plus pour autant une once de confiance. À l'un de ses aides de camp, le capitaine de frégate Sabline, il a fait dès l'été 1916 cette confidence : « Je sais que, quoi que je fasse, cela ne portera pas de bons fruits. Je ne suis pas un homme heureux. Je suis moi-même la destinée fatale de la Russie. »

Pskov relève alors, sur un plan militaire, de la responsabilité du général en chef Nikolaï Rouzski, celui-ci prenant lui-même ses ordres du patron de la *Stavka*, le général Alexeïev. Le tsar est assez confiant dans Rouzski pour lui faire part de sa réticence à signer le document qu'on exige de lui, instituant le président de la douma Rodzianko Premier ministre et acceptant que le cabinet soit dorénavant responsable devant le Parlement. Il s'y sent contraint, néanmoins, et demande au général en chef d'appeler au téléphone, pour le sonder, le nouveau chef de ce gouvernement de crise. Et tandis que Rouzski, en pleine nuit, s'entretient donc avec Rodzianko, Nicolas, retiré dans le compartiment de son train spécial, prie sur les saintes icônes. Avant d'aller prendre un peu de repos, il insiste pour que l'on télégraphie à Alexeïev l'ordre de promulguer son manifeste. Ce qu'il ignore, c'est qu'entre-temps la situation à Petrograd s'est encore dégradée. La douma vient, de son propre chef, d'y désigner un gouvernement dont elle a confié la tête au prince Lvov, un libéral. Elle ne s'en tient pas à cela – et ose à présent en appeler au départ pur et simple du tsar ! Deux délégués ont même été désignés pour rédiger un projet d'abdication et le porter à Nicolas.

L'introuvable douma

Concession du régime à la révolution de 1905, la douma – de son nom complet Douma d'État de l'Empire russe – a été solennellement ouverte par Nicolas II le 27 avril 1906. Elle siège à Saint-Pétersbourg, au palais de Tauride, ancienne demeure de Potemkine de style néopalladien. Il s'agit d'un organe législatif inscrivant la Russie sur la voie de la monarchie constitutionnelle. Élus pour un an, puis cinq, les députés sont au nombre de 566 en 1906, de 448 en 1917. La première douma est élue en 1906 et rapidement dissoute. La deuxième (1907) enregistre une montée des socialistes et connaît le même sort. La troisième (1907-1912) est dominée par la droite et les octobristes (qui se réclament du manifeste du tsar de 1905). La quatrième (1912), sous la présidence de Mikhaïl Rodzianko, siège lors de la révolution de Février. Elle compte notamment 154 conservateurs, 95 octobristes, 57 élus du Parti constitutionnel démocratique, 41 progressistes, pour seulement 15 bolcheviks. Elle sera remplacée, au lendemain de la révolution d'Octobre, par une éphémère Assemblée constituante, bientôt dissoute par les bolcheviks.

Monarchie constitutionnelle ?

C'est ici qu'il faut faire la part d'un facteur majeur qui, plus que d'autres, va faire changer le cours de l'Histoire : il s'agit du choix délibéré, presque unanime, de la haute hiérarchie militaire en faveur de cette surprenante idée d'abdication. Ni Alexeïev, ni Rouzski, ni aucun des principaux chefs d'armée ne souhaite tourner le dos à la monarchie ; mais entre le désespoir suscité par ce règne et l'espérance d'en dominer un autre, presque tous rêvent de voir Nicolas II passer la main. Or, aux yeux de l'intéressé, élevé dans les principes sacrés de l'autocratie russe, l'idée de ne devenir qu'un souverain constitutionnel relève au fond de l'hérésie. Encore le spectre de Louis XVI… Aussi Nicolas s'en veut-il déjà, en son for intérieur, d'avoir signé le manifeste de la veille ; et si la solution, en fin de compte, était dans cette abdication inattendue ? Il y perdrait le pouvoir, mais pas l'honneur.

Le tsar y songe toute la nuit… Le lendemain, 2 mars, sur le coup de 10 h 15, au moment même où Rouzski grimpe dans son wagon pour lui rendre compte du long entretien de la nuit, Alexeïev, depuis la *Stavka*, fait télégraphier à tous les généraux en chef une circulaire les invitant à se prononcer, comme lui-même, en faveur de l'abdication…

Lorsque le tsar en aura connaissance, Rouzski le verra pâlir. « Eh bien, Nikolaï Vladimirovitch, qu'en pensez-vous ? » Le malheureux est aussi décontenancé que son souverain. « Sire, la question est si terrible que je demande à Votre Majesté la permission d'y réfléchir. » Dans son Journal, celui qui est encore empereur va noter : « Tout autour de moi, ce n'est que trahison, lâcheté et fourberie ! »

Or, au milieu de l'après-midi, Rouzski est de retour devant Nicolas II, porteur cette fois de la réponse des généraux en chef – tous favorables à l'abdication – et accompagné de ses aides, dont le général Danilov, qui racontera plus tard la réaction du tsar à la défiance presque unanime de l'élite militaire : « Sa Majesté alla vers sa table et regarda d'un air absorbé par la fenêtre à travers les stores baissés. Ses traits étaient tirés par un mouvement étrange des lèvres… Dans un silence complet, il luttait manifestement au fond de lui-même contre une douloureuse résolution. Et puis soudain, d'un mouvement saccadé, il annonçait sa décision en faisant le signe de croix. » C'est ainsi, dans un train dérouté, loin de tout, que vient d'être prise – pour ne pas dire improvisée – une décision qui, pour les sept ou huit décennies suivantes, se révélera très lourde de conséquences, tant pour la Russie que pour le reste du monde. À son propos, un cousin du tsar, le grand-duc Alexandre, devait poser plus tard cette question troublante : « Depuis quand un souverain abdique-t-il pour une disette passagère de pain et quelques désordres partiels dans sa capitale ? La trahison des réservistes de Saint-Pétersbourg ? Mais le tsar avait une armée de 15 millions d'hommes à sa disposition ! Nicky avait-il donc perdu le sens commun ? » Disons plutôt que Nicolas, comme Louis XVI, se laisse guider par sa hantise de la guerre civile et un refus viscéral de s'imposer par la violence – les mêmes causes devant produire des effets comparables. À peine le tsar a-t-il dicté les dépêches qu'il destine, respectivement, à Rodzianko et Alexeïev qu'on lui annonce l'arrivée imminente des deux émissaires de la douma, les députés Aleksandr Goutchkov et Vassili Choulguine. Nicolas, fataliste, fait donc reprendre ses dépêches et ordonne qu'on prépare du thé. Mais lors d'une courte promenade sur les quais enneigés de Pskov, son médecin, Fedorov, lui fait observer que, une fois l'abdication signée, il ne pourra en aucun cas conserver auprès de lui le jeune tsarévitch, devenu tsar mineur sous la régence de son oncle Michel.

La fin d'un règne

Et cela, Nicolas ne peut l'entendre. Il tient à son fils malade comme à la prunelle de ses yeux et ne s'imagine nullement expliquer à la tsarine qu'il leur faudrait s'éloigner de lui… C'est ainsi que va naître, dans l'esprit du tsar, l'étrange idée de passer par-dessus les lois fondamentales, et de renoncer au trône pour son fils autant que pour lui-même ! Ainsi abdiquera-t-il en faveur de son frère, le grand-duc Michel.

Les émissaires de la douma vont arriver bien tard, après 22 heures. Pour éviter que Rouzski ne les circonvienne, ils sont pris en charge, à bord de leur propre train, par un aide de camp impérial qui les conduit sans délai auprès du tsar. Les deux parlementaires sont aussi choqués par les grands désordres dont ils ont été les témoins à Petrograd qu'émus de se retrouver à l'épicentre d'une scène historique entre toutes. L'entretien qui va suivre est surréaliste avant l'heure ; il en ressort que le règne de Nicolas II touche à son terme. « J'ai réfléchi longuement hier et pendant toute cette journée, leur annonce le tsar, et j'ai pris la résolution d'abdiquer. J'étais prêt à le faire en faveur de mon fils, mais j'ai compris plus tard qu'il me serait impossible de me séparer de lui. » Personne, autour du souverain, ne lui fait alors observer que rien – ni les circonstances, ni la tradition –, absolument rien ne l'oblige à prendre aussi vite une décision aussi lourde…

À la fin, celui qui vient de se débarrasser d'une couronne sacrée, multiséculaire, comme on se libérerait d'une simple charge administrative, demande aux deux émissaires, accablés de fatigue et ivres d'une importance indue : « Messieurs, pouvez-vous prendre la responsabilité de garantir que mon abdication rétablira le calme dans le pays et ne provoquera aucune complication ? » Question d'une incroyable naïveté, à laquelle ils acquiescent, par l'effet d'un cynisme non moins incroyable.

S'étant donc débarrassé de cette couronne qui lui a tant pesé depuis le premier jour, une couronne qu'il avait eu conscience de ceindre bien trop jeune – comme Louis XVI, toujours… –, l'ancien tsar repart en train vers l'ouest, vers la *Stavka*, dans l'intention d'y faire ses adieux à l'armée. C'est là que le rejoindra sa mère, l'impératrice douairière Maria Feodorovna, plus morte que vive, car bien consciente pour sa part de l'inconséquence inouïe de tout cela. Entre-temps, on aura appris à Moguilev que le grand-duc Michel, après s'être entretenu avec le gouvernement provisoire et avec le président de la douma, a renoncé à devenir tsar. Ainsi la dynastie des Romanov, vieille de trois cent trois ans, a-t-elle cessé de régner en Russie ; ainsi la monarchie russe elle-même a-t-elle rendu l'âme !

Devant sa mère éplorée, Nicolas ne va même pas chercher à se justifier ; simplement il regrette que son frère ait refusé la couronne, laissant la Russie sans souverain : « Misha n'aurait pas dû faire une chose pareille, ne cesse-t-il de soupirer ; je me demande bien qui a pu lui donner un si étrange conseil… » Les personnes présentes, gênées, détournent le regard ; mais le grand-duc Alexandre le notera clairement : « Cette remarque, venant de l'homme qui avait abandonné le sixième de la surface terrestre à une bande de réservistes et d'ouvriers révoltés me laissa sans paroles. » Quelques mois plus tard, la révolution va dégénérer. Passée aux mains des bolcheviks, elle plongera la Russie dans les affres, condamnant les Romanov à mort.

Le verbatim de l'abdication

« Aux jours de notre grande lutte contre l'ennemi extérieur, qui emploie depuis trois ans ses efforts à asservir notre patrie, Dieu a voulu envoyer à la Russie une nouvelle et pénible épreuve. Les troubles populaires qui viennent d'éclater menacent d'avoir de fatales conséquences pour la continuation de cette guerre sans merci. Les destinées de la Russie, l'honneur de notre armée héroïque, le bien du peuple, tout l'avenir de notre chère patrie exigent que la guerre soit poursuivie à tout prix jusqu'à la victoire. Notre cruel ennemi fait ses derniers efforts et le moment est proche où notre vaillante armée, de concert avec nos glorieux Alliés, abattra définitivement l'ennemi !

« En ces jours décisifs de l'existence de la Russie, nous avons considéré comme un devoir de notre conscience de faciliter à notre peuple une étroite union et l'organisation de toutes les forces nationales pour rapporter au plus tôt la victoire et, d'accord avec la douma d'empire, nous avons résolu de renoncer au trône de l'empire de Russie et de déposer le pouvoir suprême.

« Ne voulant pas nous séparer de notre fils bien-aimé, nous transmettons notre succession à notre frère le grand-duc Michel Alexandrovitch et lui donnons notre bénédiction pour son avènement au trône de l'empire de Russie. Nous léguons à notre frère le devoir de gouverner en pleine union avec les représentants du peuple dans les institutions législatives, d'après les principes fondamentaux qui seront établis par eux, en prêtant de ceci le serment inviolable.

« Au nom de notre partie ardemment aimée, nous appelons tous les fidèles fils de la patrie à l'accomplissement de leur devoir sacré, en obéissant au tsar dans ces pénibles moments d'épreuves nationales, et à l'aider, avec les représentants de la nation, à conduire l'empire de Russie dans la voie de la victoire, de la prospérité et de la gloire. Que Dieu aide la Russie.

NICOLAS. »

19

Le rêve arabe de Lawrence

Fin 1917, les forces alliées lancent une attaque contre les Turcs, sur la ligne Gaza-Beersheba. À leur tête, un officier britannique, tombé amoureux d'un monde enivrant de liberté.

Si vous avez l'intention de devenir « un des plus grands hommes de notre temps » – le compliment est de Churchill –, commencez par vérifier que vous remplissez les conditions suivantes : des origines modestes qui vous permettront une vertigineuse ascension ; un caractère trempé et de belles dispositions mentales, manifestés dès l'enfance – un sens aigu de l'opportunisme ne gâtera rien, de même qu'un peu de génie, appliqué notamment à la stratégie militaire ; enfin, avec de la ténacité, assez d'égocentrisme pour écrire vous-même votre saga, par exemple sous la forme d'un maître livre propice aux adaptations hollywoodiennes. Je n'ai rien dit, pour ne pas vous choquer, de la mort prématurée qu'il vous faudra subir… Là sont les sept piliers d'un destin historique, du moins si j'en crois l'exemple de Thomas Edward Lawrence.

Pour commencer, donc, des origines modestes. Thomas Edward, né en 1888 au pays de Galles, est le deuxième des cinq garçons d'un couple uni, puritain – quoique illégitime et presque clandestin ! Le jeune garçon découvre tôt le pot aux roses, et s'en trouve marqué à vie. Les liens complexes qu'il tisse dès lors avec sa mère, une femme hors du commun, vont se nourrir de ce lourd secret. C'est elle qui va inculquer à son fils préféré la volonté de se dépasser toujours et de contraindre le corps pour mieux purifier l'âme… Tout jeune, Thomas arpentera la France à vélo, puis le Proche-Orient à pied, en attendant de s'aventurer à dos de chameau dans le désert arabique…

Espionnage et archéologie

Sa confrontation précoce aux complexités de la vie explique peut-être les deux passions du jeune Thomas Edward : l'archéologie, qui l'initie aux arcanes du temps, l'exotisme, qui l'ouvre à des espaces libérateurs… Ce que personne ne pouvait prévoir, c'est que l'archéologie ferait de lui un agent des services spéciaux britanniques, et que l'exotisme l'amènerait à se muer en chef de guerre. Où intervient l'opportunisme ; car ce sont des rencontres qui vont décider de cette double évolution.

Il y eut trois rencontres dans la genèse de Lawrence d'Arabie. D'abord, ayant obtenu une bourse pour le Jesus College d'Oxford, l'étudiant y a reçu l'enseignement d'un archéologue émérite, un de ces esprits universels dont l'Angleterre impériale a fourni maints spécimens : David Hogarth. Ce dernier devait communiquer ses passions à Thomas : l'Empire britannique ; le Moyen-Orient, ensuite, lieu de fouilles pour Hogarth, bientôt champ de combat pour Lawrence ; enfin la jeunesse en elle-même, mélange d'ardeur, de vitalité, de curiosité, de défi permanent.

En 1909, sous l'influence de Hogarth, Thomas se lance dans une interminable marche à travers le Liban, la Syrie, la Palestine… Il en rapporte les matériaux d'une thèse brillante sur l'architecture militaire des croisés en Terre sainte. Double attrait des armes et de l'Orient… L'année suivante, il accompagnera Hogarth lui-même jusqu'aux rives de l'Euphrate, à Karkemish, où les Anglais sont en train de mettre au jour la civilisation hittite. Or, cette même année 1910, tout près du chantier de fouilles, les ingénieurs de l'empereur allemand Guillaume II sont en train de travailler à la ligne de chemin de fer Berlin-Bagdad… Heureux hasard, surtout quand on sait les accointances du professeur Hogarth avec les plus hautes sphères du renseignement britannique !

C'est au demeurant sur le chantier de fouilles de Karkemish que notre jeune homme fait la deuxième rencontre essentielle de son existence. Celle d'un tout jeune Arabe, pauvre et sans doute analphabète, qui survit en conduisant des ânes, et que l'on surnomme « Dahoum ». Selon l'archéologue Wolley, il n'était pas « spécialement intelligent, mais magnifiquement bâti et remarquablement beau ». Il n'en fallait pas davantage pour faire chavirer les sens du rigoureux Thomas, dont la chasteté affichée cachait une orientation sexuelle peu avouable à l'époque.

Des nationalistes arabes contre Constantinople

Enivré de Dahoum – même si la plupart des biographes penchent pour un amour platonique –, Lawrence va se passionner pour la culture, la langue, la religion, le quotidien des Arabes. La civilisation bédouine – celle à laquelle appartient le jeune ânier – va devenir sa raison d'être. Et c'est en conjuguant ses passions pour l'Empire britannique et pour la civilisation arabe qu'il fera la troisième rencontre essentielle de sa vie : celle de l'émir Faysal (1885-1933).

Comme souvent dans le cas des grands hommes, c'est une guerre qui va révéler Lawrence ; et pas n'importe quelle guerre, puisqu'il s'agit du premier conflit mondial. Thomas Edward aurait voulu intégrer une unité combattante ; mais il lui faut y renoncer : mesurant moins de 1,70 mètre et pesant moins de 60 kilos, il ne peut guère être affecté qu'à un bureau – en l'occurrence, le Service géographique, où il va côtoyer des personnes de valeur, passionnées de géostratégie. Lawrence, par sympathie pour les Arabes, déteste depuis longtemps l'Empire ottoman. Et l'on ne s'étonne pas qu'en 1914 il ait jubilé de voir la Turquie entrer en guerre contre la Russie ; par le jeu des alliances, cela voulait dire en effet que la Grande-Bretagne serait désormais l'ennemie de Constantinople, autant dire – c'est du moins sa conclusion – l'amie des Arabes.

Assez vite, le réseau personnel de Lawrence à travers la Syrie fait apprécier ses services en haut lieu, de même que ses contacts privilégiés avec des personnalités gouvernementales – il n'a que 26 ans mais connaît, par Hogarth, bien des gens utiles. Aussi retrouve-t-on cet homme plein de ressources à l'état-major britannique du Caire, sous les ordres du controversé général Kitchener, le vainqueur de Fachoda, par ailleurs d'une violence froide et volontiers raciste.

Le Hedjaz en flammes

Néanmoins, il faut attendre janvier 1916 pour que Thomas ait enfin l'occasion de mener personnellement une mission d'importance – sans doute une des plus extravagantes de l'histoire militaire britannique. Les Ottomans embarrassent les Anglais. Après avoir gagné plusieurs batailles, ces Turcs ont pris au piège, à Kut, en Mésopotamie, un contingent de quelque 10 000 soldats britanniques. Justement, c'est le jeune Lawrence que le War Office envoie négocier avec eux une levée du siège et une libération des prisonniers. Mission qui se révèle un cuisant échec ; Lawrence n'en rédigera pas moins, sur l'organisation des forces britanniques, un rapport qui lui attire l'estime des chefs. Désormais, le voilà lancé : c'est lui qui, de manière certes officieuse, influencera dorénavant la politique anglaise dans cette région essentielle pour l'Empire. Or l'intérêt bien compris de l'Angleterre au Moyen-Orient, affirme l'ami des Arabes, c'est que les Bédouins s'émancipent du joug de Constantinople et reconstituent, sous l'aile protectrice anglaise, un grand royaume arabe avec Damas pour capitale. Tel est, en peu de mots, le rêve, très éveillé, de Lawrence.

Dès février 1915, on apprend que l'émir Hussein, au Hedjaz, serait prêt à soulever son peuple contre les

Turcs et chercherait, pour ce faire, l'appui des Anglais. En juin, à Médine, au sud-est de la mer Rouge, deux de ses fils, Ali et Faysal, poussent à la désertion quelque 500 soldats arabes de l'armée turque. Lawrence sent que son heure est venue ; il lui faut au plus vite se rendre sur place ! Les choses, pourtant, demandent un peu de temps. En octobre seulement, après avoir su se rendre « parfaitement intolérable » au Caire, il s'embarque pour Djeddah. « De quoi manquait donc la Révolte [arabe] ? écrira-t-il. À mon avis, d'un chef, d'une flamme enthousiaste qui eût mis le feu au désert. Le but de mon voyage était de trouver cet homme. » C'est ici que prend place la formidable expédition de Lawrence en plein désert ; avec deux hommes seulement, à dos de chameau, il progresse trois jours et trois nuits dans des conditions extrêmes. Au bout du chemin : l'émir Faysal, qui, au premier coup d'œil, lui paraît bel et bien comme l'homme de la situation. « Dans ses longues robes de soie blanche, avec, sur la tête, un voile brun retenu par une cordelette de pourpre et d'or, Faysal était semblable à une colonne très haute et très mince. » Maintenant qu'il a déterminé l'objectif – Damas – et trouvé le chef – Faysal –, reste pour Lawrence à définir une stratégie ; c'est ici qu'intervient ce que d'aucuns nommeront son génie.

Notons qu'entre-temps, par les accords Sykes-Picot du printemps 1916, les deux Empires, le britannique et le français, se sont en quelque sorte partagé le Proche Orient – et l'on sait quel sort Londres réservera à ce découpage… Quoi qu'il en soit, Lawrence a compris que les insurgés arabes ne se battront ni pour les Anglais ni pour les Français ; il faut leur offrir Faysal pour chef et faire de lui une sorte de prophète.

Et pourquoi pas lui donner les moyens d'une guerre de harcèlement ? On veut bien l'écouter… S'engageant alors – un peu vite – au nom des Alliés sur un projet de pleine indépendance, il théorise, bien avant Giap ou Castro, les mérites de la guérilla. C'est lui qui prononce le fameux principe : « Il est aussi difficile à une armée régulière de vaincre la guérilla qu'à un homme de manger de la soupe avec une fourchette. » On aurait tort d'imaginer un Lawrence isolé, perdu dans ses nuées, et seul à prendre des décisions. La vérité est que se trouve, à la tête des forces britanniques, un petit groupe de personnalités d'exception, déterminées à conduire des opérations d'envergure pour la seule gloire de leur empire. Quitte à se servir, au passage, du panarabisme naissant.

L'objectif serait de prendre à revers les Turcs barrant la route de Gaza. Si Lawrence ne veut pas être dépassé par des décisions d'état-major, il lui faut prendre de vitesse ses supérieurs hiérarchiques. Avec seulement 30 méharistes, il part donc de Ouedj et, grossissant ses troupes des nomades qu'il rencontre en chemin, s'en vient liquider le bataillon turc qui obstruait la route et s'empare le 6 juillet 1917 d'Aqaba, port sur la mer Rouge – acte héroïque, vraiment inouï. Dans l'affaire, les Turcs ont perdu près de 400 hommes ; Lawrence, seulement quelques guérilleros…

En Cinémascope

En 1962, c'est à Peter O'Toole que le réalisateur britannique David Lean – *Le Pont de la rivière Kwaï*, *Le Docteur Jivago*, *La Route des Indes* – confie le rôle de Lawrence dans une superproduction inspirée directement des *Sept Piliers de la sagesse*. Son gros budget – 15 millions de dollars – n'étouffe en rien le film, qui, en 1963, se verra décerner pas moins de sept Oscars, dont ceux du Meilleur film et du Meilleur réalisateur.

Sa victime ? Un empire !

L'heure est aux exploits dont on tissera la légende : prise d'Aqaba, puis conquête de la Palestine, sous le commandement du général Allenby. L'automne 1917 voit triompher l'offensive audacieuse des Arabo-Britanniques sur la ligne Gaza-Beersheba, où ils s'emparent des ressources d'eau stratégiques. C'est un Allemand, le général von Kressenstein, qui commande les Turcs de la VIIIe armée et d'une partie de la VIIe. La bataille de Beersheba culminera avec une charge héroïque de la cavalerie australienne… Victoire totale.

Thomas E. Lawrence est promu commandant, fait chevalier du prestigieux ordre du Bain, presque mis sur un pied d'égalité avec le général Allenby. La deuxième phase de la reconquête arabe va pouvoir commencer. Le 11 décembre 1917, les forces arabo-britanniques entrent en vainqueur dans Jérusalem. Encore Lawrence ne s'arrête-t-il pas en si bon chemin : avec sa poignée d'hommes de main, il franchit les monts du Moab, liquide à Tafilah, en janvier 1918, un nouveau bataillon turc, puis passe le gros de l'hiver devant Al-Karak. Il campe à Azraq au printemps, avant de continuer l'offensive avec Allenby en Transjordanie. Enfin, en septembre, c'est l'entrée triomphale à Damas. Ainsi, en quelques mois, en conjuguant comme nul autre guérilla et raids audacieux, la situation s'est retournée : l'Empire ottoman, après avoir taillé des croupières aux Britanniques pendant trois ans, se trouve réduit, le 31 octobre 1918, à demander un armistice ; il ne se relèvera pas des coups de boutoir de Lawrence… Aussi étonnant que cela paraisse, l'obscur petit officier de 1914 sera parvenu, en quinze mois, à jeter à bas l'un des plus vieux empires du monde, et à reconstituer l'antique nation arabe.

Pourtant, le triomphe de Lawrence est teinté de violente amertume : son cher Dahoum a laissé la vie lors de l'assaut contre Damas et l'on a vu alors le très fermé, très résistant Bédouin d'adoption se mettre à pleurer comme un enfant. Cette perte l'a cruellement éprouvé, comme en témoigne cette confidence à l'écrivain Robert Graves, en 1922 : « J'aimais profondément une personne arabe en particulier, et je pensais que la liberté, pour sa race, serait un cadeau acceptable. […] Je l'ai vu mourir quelques semaines auparavant et mon don a été perdu. Tout ce que j'ai fait par la suite m'a laissé indifférent. »

Souffrances et amertume

Le nouveau vainqueur a conduit lui-même Faysal à Versailles pour la conférence de la Paix (janvier 1919), mais il n'a pas réussi à convaincre les grandes puissances, Royaume-Uni et France au premier chef, de respecter les engagements que lui, obscur agent, avait pris en leur nom. Les Français surtout – pires ennemis de Lawrence après les Turcs – obtiennent un mandat sur la Syrie et le Liban, tandis que l'Angleterre se réserve l'Irak, la Palestine et la Transjordanie. Double trahison aux yeux du champion de la cause arabe. Même si Churchill, lorsqu'il prend en 1921 le portefeuille du Colonial Office, fait appel à ses bons soins pour préparer la conférence du Caire sur la situation au Moyen-Orient. De fait, Faysal finira par régner quand même sur un petit royaume irakien, Abdallah sur un petit royaume transjordanien – on est tout de même loin du compte… Thomas, amer, se retire de la politique pour écrire son épopée, *Les Sept Piliers de la sagesse*, s'ouvrant sur un poème dédié à « S. A. » – les initiales de Salim Ahmed, le vrai nom de Dahoum : « Je t'aimais ; c'est pourquoi, tirant de mes mains des marées d'hommes, j'ai tracé en étoiles ma volonté dans le ciel, afin de te gagner la liberté, une maison digne de toi. »

En 1922 – il a 34 ans –, Thomas, sous le nom d'emprunt de John Ross, s'engage dans la Royal Air Force (RAF) – non en tant que colonel, son dernier grade dans l'armée, mais comme simple soldat de 2e classe ! Il subira les chambrées, les corvées et les brimades… « Cet avilissement de la personne est le but que je poursuis », écrit-il.

La RAF, peu soucieuse de son masochisme, va préférer se séparer de lui. Qu'importe ! En 1923, il s'engage de nouveau, toujours comme humble 2e classe, dans les blindés cette fois, sous l'identité de Shaw. Puis en 1925, il réintègre la RAF et s'en va servir à Karachi. Il ne quittera l'armée qu'en février 1935, pour prendre une retraite anticipée. À l'époque, l'Europe est en ébullition ; tout le monde a les yeux tournés vers Hitler ; et le culte de la personnalité qui se développe en Allemagne donne à certains des idées sur la façon dont on pourrait, en Angleterre, utiliser le charisme de Lawrence.

Trop tard : le 13 mai 1935, dix semaines après son retrait, Thomas Edward se tue près de chez lui, dans un accident de moto. Les plus hautes personnalités assisteront à ses obsèques ; et dans un message adressé au frère de Lawrence, le roi George V aura ces mots : « Le nom de votre frère vivra dans l'Histoire, et le roi reconnaît avec gratitude les éminents services qu'il a rendus à son pays. » Ce n'est pas là une simple formule ; la vérité oblige à dire en effet que, sous couvert de rêve arabe, c'est bien l'Empire britannique que Lawrence aura servi jusqu'au bout.

Suicide ? Assassinat ?

L'autre passion de Lawrence était la moto. Il en a possédé toute une série, et les avait baptisées *George*, *George II*, etc. C'est aux commandes de *George VII* que, le 13 mai 1935, peu avant 11 h 30, à la sortie du village de Bovington, dans le Dorset, il fit une sortie de route en voulant éviter deux jeunes cyclistes. Lawrence mourra six jours plus tard des suites de ses blessures. Suicide, assassinat ? D'innombrables rumeurs ont circulé sur les causes prétendument cachées de cette mort : lui, victime d'un banal accident de la route ? Pourtant, aucun des éléments de l'enquête ne permet d'étayer sérieusement ces thèses fantaisistes.

20

Hitler intime

C'est dans les Alpes bavaroises, du côté de Berchtesgaden, qu'il faut aller chercher la part la plus privée, la plus intime d'Adolf Hitler. Au-delà de la surprise et de la répulsion naturelles, ce qu'inspire le comportement pour le moins inhabituel du Führer, c'est une grande circonspection devant les paradoxes de la nature humaine.

Hitler a dit avoir été d'abord emmené du côté d'Obersalzberg par Dietrich Eckart – son codétenu à Landsberg – ainsi que par ses amis Bechstein, célèbres facteurs de pianos, qui le surnommaient non sans affection le « Petit loup » – les quartiers généraux de la Tanière du Loup (*Wolfsschanze*) et du Ravin du Loup (*Wolfsschlucht*) devant sans doute leurs noms respectifs à ce détail. C'est du reste une centaine de mètres au-dessus de la villa des Bechstein que se trouve le modeste chalet Wachenfeld, qu'il loue à partir de 1928 et qui sera le noyau des imposants bâtiments du Berghof. Édifié sous la conduite de son âme damnée Martin Bormann, le vaste complexe implanté dans cette montagne devra beaucoup aux droits d'auteur de *Mein Kampf*, mais aussi aux millions recueillis au titre de la « subvention Adolf Hitler » de l'industrie. Un chantier de plusieurs milliers d'ouvriers s'y ouvre avant même l'arrivée du Führer à la chancellerie ; il se prolongera jusque tard dans la guerre.

Les pâturages cédant ainsi la place à des terrassements bétonnés, et les sentes muletières à des rampes d'accès goudronnées, c'est l'esprit des lieux qui s'en trouve bouleversé – mais sans rien ôter de sa beauté grandiose au panorama des Alpes. La zone est interdite au public à compter de 1937 ; il faudra désormais, pour y pénétrer, « montrer patte blanche ». Hitler va s'éloignant du peuple et se coupant du public ; le Berghof sera son refuge et deviendra sa bulle… Ultime thébaïde : à un quart d'heure de marche, Bormann fait construire, au sommet d'un Kehlstein percé pour y loger quelque gros ascenseur, ce fameux pavillon de thé que l'on appelle le « nid d'aigle » – cadeau du Parti au Führer, idéal pour recevoir les hôtes de marque et les impressionner.

Parmi les plus connus, André François-Poncet : « Ici, la surprise atteint son comble, racontera l'ambassadeur de France, reçu avec tous les égards au lendemain de la conférence de Munich. Le visiteur a devant lui une construction trapue et massive, qui comporte une galerie à piliers romans, une immense salle vitrée en rotonde […] et plusieurs salons latéraux, meublés avec élégance de confortables fauteuils. De tous côtés, à travers les baies, le regard plonge, comme du haut d'un avion en plein vol, sur un immense panorama de montagnes. Au fond du cirque, il aperçoit Salzbourg et les villages environnants, dominés, à perte de vue, par un horizon de chaînes et de pics, de prairies et de forêts qui s'accrochent aux pentes. À proximité de la maison, qui paraît suspendue dans le vide, se dresse, presque en surplomb, une muraille abrupte de rochers nus. L'ensemble, baigné dans la pénombre d'une fin de journée d'automne, est grandiose, sauvage, presque hallucinant. Le visiteur se demande s'il est éveillé ou s'il rêve. Il voudrait savoir où il se trouve. »

Le docteur Otto Dietrich a dirigé le service de presse de Hitler. Son témoignage est passionnant, car il raconte par le menu, « de l'intérieur », la vie quotidienne en ces lieux interdits, où lui-même a fait de nombreux séjours. Redescendons à ses côtés jusqu'au grand salon du Berghof – ce que les familiers, mi-figue, mi-raisin, appelaient entre eux « le Grand Hôtel »... On y accédait, raconte le conseiller de Hitler, « par un escalier de marbre rouge ; d'immenses fenêtres à coulisse s'ouvraient tout autour sur un vaste paysage, qui faisait l'impression d'un immense et magnifique tableau. Hitler travaillait dans ce hall, debout devant une grande table placée près d'une fenêtre, à côté d'un globe terrestre gigantesque ». Précisons – et ce n'est pas le moindre sujet d'étonnement pour les nouveaux venus – que partout, en toute saison, la température est maintenue au Berghof à des niveaux frisant la congélation... Certaines dames préfèrent garder obstinément un manteau sur leurs épaules.

Le décor étant planté, laissons paraître, tel un fauve en son antre, cet homme étrange, insaisissable, que le monde entier redoute alors – non sans raison. Le Führer se lève tard, parfois seulement vers midi – même au plus fort de la guerre ! On lui sert aussitôt deux tasses de lait, des biscuits Leibniz, du cacao amer… Dehors, racontera Nerin E. Gun, lui-même survivant de Dachau, a déjà commencé le ballet des Mercedes noires acheminant au Berghof les invités du déjeuner tardif. Elles « s'arrêtaient en faisant hurler leurs freins, et les bottes sonnaient sur la route asphaltée devant l'imposant escalier. Les SS d'opérette présentaient les armes. Les dignitaires et fonctionnaires venaient aux ordres dans le vestibule ». Ces convives triés sur le volet – souvent plus d'une dizaine, rarement vingt ou davantage –, où l'on compte généralement autant de femmes que d'hommes, patientent déjà dans une pièce voisine de la salle à manger, lambrissée de bois naturel.

La maîtresse de maison pourrait être Eva Braun, compagne attitrée du Führer, qu'il n'épousera pourtant qu'à la dernière extrémité ; avec tact et non sans gaieté, elle n'assume cependant qu'un rôle mal défini auprès d'un dictateur auquel il serait malvenu de faire de l'ombre… Médecins, aides de camp, collaborateurs sont régulièrement conviés avec leurs épouses ; beaucoup montent du bourg voisin de Berchtesgaden. À table, Hitler place une femme en face de lui ; il installe Eva à sa gauche, elle-même étant voisine de Bormann. Service à l'anglaise – on a envoyé des observateurs jusqu'à Buckingham examiner, pour s'en inspirer, l'étiquette en vigueur chez les Windsor…

En un temps où l'on mangeait beaucoup plus de viande que de nos jours, Hitler fait preuve d'une forme d'excentricité en s'affichant végétarien ; il ne digère par ailleurs ni pain, ni beurre, ni café ! C'est dire s'il bénéficie d'un régime à part. Volontiers facétieux avec son entourage, il regarde en coin ses invités dévorer leur viande en les taxant, entre ses dents, de « mangeurs de cadavres ». Bormann est, en public, l'un des rares à imiter son maître sur le chapitre de la nourriture ; mais il se dit sous cape que, rentré chez lui, l'homme de confiance ne refuserait pas un bon steak...

La passion du Führer pour les animaux en général, et pour sa chienne berger allemand Blondie en particulier, passera à la postérité – comme sa propension à se laisser photographier, béat, au milieu d'enfants qu'il affecte de traiter en papy gâteau. Il supporte en silence les incartades des fox-terriers d'Eva Braun. De nouveau Nerin E. Gun : « Quelquefois, quand l'ambiance est particulièrement *gemütlich* et que Hitler a réussi à amadouer Eva [...], il s'enhardit : "Effie, permets-tu que cette pauvre Blondie vienne auprès de nous pour une demi-heure ?" Eva, complaisante, sourit et fait un signe au valet. Celui-ci prend en laisse les terribles Stasi et Negus, les enferme dans la chambre de leur maîtresse et redescend avec Blondie, qui va se coucher aux pieds de son maître. »

Jamais Hitler ne boit une goutte d'alcool ; quoique du vin soit toujours présenté à ses convives, il est bien vu de ne pas en consommer en sa présence. Pas non plus de tabac, qu'il regarde comme un poison violent. « Il disait que, s'il offrait des cigarettes ou des cigares, ce serait à ses pires ennemis, mais certainement pas à ses amis, précise Otto Dietrich. Il interdisait qu'on fumât dans ses appartements, sauf lorsqu'il donnait de grandes réceptions officielles ; encore fallait-il passer dans un fumoir, où il évitait de mettre les pieds. »

Mais au fait : de quoi parle-t-on, à la table du maître du IIIe Reich ? De tout et de rien, pourvu qu'il ne s'agisse pas de politique ; ainsi devise-t-on sur la médecine, la cuisine, les coutumes régionales, la chasse – uniquement d'ailleurs pour en condamner la pratique –, le cinéma, le théâtre et la littérature, la peinture et l'architecture… Sur ces matières, Hitler peut pontifier à l'envi en un monologue que peu d'audacieux oseraient interrompre.

Parmi ces derniers, la grande amie viennoise d'Eva Braun, Marion Schönmann, dont l'audace est digne de passer à la postérité. C'est encore Nerin E. Gun qui le rapporte : « Un jour, elle lui fit en public cette sortie : "Les gens ne sont pas contents, il n'y a plus rien dans les magasins. Et pourquoi chassez-vous ces pauvres sœurs des couvents ? Mais, monsieur Bormann, n'avez-vous pas fini de m'écraser le pied ? Vous me faites mal !..." Et l'instant d'après, elle poursuivait, avec son irrésistible accent viennois : "Mais oui, mon Führer, ces pauvres sœurs n'ont déjà pas d'homme, et le Parti leur prend le reste !... Mais, monsieur Bormann, avez-vous fini ? J'ai des souliers neufs aux pieds et vous les abîmez avec votre botte !" » Voilà qui, dit-on, aurait fait rire Hitler aux éclats…

Si, avec des femmes jeunes et jolies, passablement effrontées, Hitler peut ainsi se montrer coulant, il ne tolère, en revanche, aucune contradiction venant d'un homme. Plus étonnant : il fait montre à tout bout de champ d'une espèce d'humour assez complexe, et qui n'amuse guère que lui. Lisons à nouveau Otto Dietrich : « Les brocards qu'il lançait à telle ou telle personne de l'assistance étaient presque toujours tirés par les cheveux, et quand il avait trouvé quelque chose qu'il croyait drôle, il était impossible de lui rendre la monnaie de sa pièce sans le rendre ridicule, cela faisait souvent un effet pénible. »

S'enfermant lui-même dans un réseau d'horaires sans cesse plus décalés, le maître du IIIe Reich s'est forgé un régime délétère. Au point que le docteur Dietrich s'est posé la question : « Je me suis souvent demandé comment, avec cette alimentation insuffisante et son insomnie perpétuelle, Hitler pouvait bien faire pour se montrer si dynamique, où il trouvait l'extraordinaire énergie qu'il manifesta presque jusqu'à la fin, aussi bien la nuit que le jour. On avait l'impression que cette énergie surgissait d'une source presque surnaturelle ; en tout cas, elle ne pouvait s'expliquer biologiquement que par une prodigieuse dépense de forces corporelles, qui devait amener rapidement Hitler à la déchéance physique. »

Son habitude, après dîner, de retenir les convives, hagards, jusqu'à des heures indues de la nuit serait assez drôle si les circonstances, par ailleurs, l'étaient si peu. On diffuse pour égayer ces interminables veillées des disques de musique classique ou d'opérette, on s'assied en cercle devant la grande cheminée du hall, on écoute, d'une oreille agacée, le Führer pérorer à l'infini, dans le vide… « Souvent, racontera sa secrétaire, la fameuse Christa Schroeder, c'étaient les mêmes personnes qui, jour après jour, se retrouvaient là. Il fallait vraiment un puissant contrôle de ses nerfs pour assister à ces réunions interminables, devant le décor immuable des bûches flambant dans la grande cheminée. Quand quelqu'un avait le courage de ne pas venir à l'une de ces séances, Hitler le remarquait et manifestait son mécontentement. »

Narcissisme aigu, qui n'étonnera personne et que confirme Otto Dietrich : « Pendant ces longues séances qui duraient jusqu'à l'aube, conclut-il, Hitler ne se souciait jamais de savoir si certains de ses hôtes se sentaient fatigués ou désiraient s'en aller. Ce fut d'ailleurs le seul manque de courtoisie dont je le visse jamais faire preuve à l'égard des femmes. » C'est aussi qu'à ses yeux, la courtoisie ne devait guère être en cause ici et qu'il regardait sans doute comme une chance et comme un privilège de pouvoir profiter des lumières, même nocturnes, de son immense génie…

Le Berghof et ses alentours, en 1945, devaient partir en fumée. Un bombardement massif, exécuté par une centaine d'avions alliés, réduisit en poussière la maison du chef vaincu ; moins de dix minutes auront suffi à abattre un des lieux emblématiques du « Reich de mille ans ».

Un homme malade

La maladie de Parkinson et une schizophrénie d'origine syphilitique sont les deux explications médicales le plus souvent avancées, lorsqu'il s'agit d'expliquer l'assez brusque altération du comportement de Hitler au tournant de 1941-1942. Les échecs répétés du Reich à compter de cette période ont-ils aggravé cette altération, ou bien en sont-ils la cause directe ou indirecte ?
Dans les années 1970, Leonard Heston, professeur de psychiatrie à l'université du Minnesota, a pu montrer par ailleurs qu'une grande partie des symptômes relevés

chez Adolf Hitler pouvaient être imputés à son usage immodéré – et du reste sans cesse croissant – des amphétamines. Dans son excellent ouvrage *Les Secrets du IIIe Reich*, François Kersaudy a fait le point sur la question de la santé de Hitler.

Depuis plus d'un quart de siècle, la question de l'explication des folies du nazisme par une ou plusieurs pathologies ayant affecté Hitler est devenue sujet de polémique, certains voyant là un moyen détourné de dédouaner l'Allemagne brune et ses chefs de leur responsabilité collective.

21

GANDHI, L'HOMME DERRIÈRE L'ICÔNE

Il y a soixante et onze ans tombait sous les balles d'un extrémiste hindou la « Grande Âme » de l'Inde. Cruel épilogue pour celui qui milita, toute sa vie durant, pour l'indépendance et l'unité de son pays.

Tout le monde connaît sa silhouette fragile transcendée par une volonté farouche, son regard à la fois bon et ferme derrière ses lunettes rondes à double foyer, son petit crâne presque chauve et luisant, sa moustache grisâtre, sa peau parcheminée, brunie par d'interminables expositions au soleil. Gandhi aura incarné, jusqu'à nos jours, la dignité démunie ; il est le faible en mesure de faire plier le puissant. Quand il s'écroule, à 17 h 17 précisément, ce vendredi 30 janvier 1948, quand il tombe à New Dehli sous les balles d'un fanatique, au milieu de ses fidèles, c'est la planète entière qui s'émeut, se récrie, se confond en lamentations. On a tiré sur le petit homme en blanc, on a tué le plus intègre, le plus exemplaire des grands de ce monde ! La pure et belle conscience vient ainsi de payer tribut à cette intolérance qu'elle avait si pacifiquement combattue, toute sa vie durant… Le rouet ne tournera plus, dans l'ashram qu'on ne quittait jamais qu'à regret ; le bâton de pâtre ou d'ermite n'affermira plus un pas vaguement claudicant.

L'intrus du bout du monde

Difficile d'imaginer que, soixante ans plus tôt, le jeune Mohandas, lorsqu'il avait quitté la petite principauté de Porbandar, au Gujerat, pour venir « faire son droit » à Londres, était un étudiant un peu vain, coquet, qui veillait au vernis de ses souliers et maîtrisait l'art de bien nouer une cravate. N'était-il pas le fils d'un ministre du maharaja de Kathyavar ? Un dandy exotique, en somme, un fringant célibataire – en apparence du moins, car il était marié, depuis l'âge de 14 ans, avec la toute jeune Kasturbaï, demeurée au pays… Ce jeune intrus du bout du monde ne tarde guère à sentir qu'il ne sera jamais partie prenante de la bonne société britannique. Pétri de cette évidence, il cesse de courir après les vanités et reporte ses efforts sur le travail et l'hygiène de vie. Bientôt devenu végétarien, il pousse plus loin l'exploration de ses racines et consacre ses loisirs à traduire la *Bhagavad-Gita* (en sanscrit, le « cantique céleste »), poème sacré des Indes. « Lorsque les doutes m'assaillent, écrit-il, lorsque les déceptions me menacent, j'y retourne et j'y trouve un verset qui me réconforte ; et je me mets immédiatement à sourire au milieu même des chagrins qui m'éprouvent. »

Gandhi est en train de découvrir son domaine d'élection : la spiritualité.

Juin 1891. Diplômé en droit et inscrit au barreau, le jeune homme reprend la mer pour jouer les avocats à Bombay. Constamment gêné aux entournures dans l'exercice d'une profession où, parfois, il faut transiger avec la vérité, le moraliste en lui se défie du plaideur. Ne trouve-t-il pas moyen de se brouiller avec l'agent britannique de Porbandar, contrariant tous les espoirs de sa famille ? Moins de deux ans après s'être installé, il jette l'éponge et accepte le poste de conseiller juridique dans une firme indienne d'Afrique du Sud. On ne sort pas de l'Empire britannique… Voilà donc Gandhi, 24 ans, installé à Durban. Il est ce qu'on nomme là-bas un coolie – autant dire un métèque d'origine indienne. Bientôt, lors d'un voyage en train vers Pretoria, il va comprendre tout ce que signifie ce terme. À Maritzbourg, un voyageur pénètre dans son compartiment. Furieux de trouver un homme de couleur dans un secteur réservé aux Blancs, il le fait chasser par un *policeman*. Moment fondateur. De retour à Durban, Gandhi harangue la colonie indienne locale et l'exhorte à se faire reconnaître et respecter : « Vous êtes ici les persécutés, prend-il soin d'ajouter, mais ailleurs, vous êtes les persécuteurs ! » Il va falloir s'y faire : le langage du nouveau justicier se voudra constamment celui de la vérité.

Initialement venu à Durban pour deux ans, Gandhi va y demeurer plus de deux décennies, aux côtés de son épouse, qui l'a rejoint, et des enfants qu'elle lui a donnés. Vingt et un ans durant lesquels il se fait le porte-parole des immigrés indiens d'Afrique du Sud, certes, mais aussi le soutien des déshérités. Les autorités locales le jettent plusieurs fois en prison, ce qui paraît n'avoir sur lui d'autre effet que de renforcer sa détermination.

Jusqu'au jour où, défendant bec et ongles des mineurs au cours d'une grève, il apparaît dans une réunion publique vêtu d'un *dhoti* blanc et d'un gros châle, les jambes nues, les pieds de même dans des sandales. Il explique à ses admirateurs – venus en foule – que c'est par égard pour les victimes du conflit qu'il a enfilé cette tenue traditionnelle de son pays.

Janvier 1915. Ayant conclu avec le gouvernement sud-africain un bon accord pour ses compatriotes, il rentre à Bombay – non sans être passé par l'Angleterre, en plein effort de guerre… Gandhi a désormais 45 ans et a passé la majeure part de son existence hors des Indes. Dès 1916, il entreprend un grand voyage – une sorte de tournée initiatique – pour découvrir le sous-continent, avant de faire souche non loin d'Ahmedabad, dans sa contrée d'origine, le Gujerat. Gandhi participe à la grande session annuelle du parti du Congrès, fondé alors depuis une trentaine d'années, et qui est en train de se découvrir une fibre nationaliste. Emprisonné pour sédition au royaume du Bihar, il aura la joie de voir des milliers de paysans se masser autour de la salle d'audience où se tient son procès. Gandhi les engage à mener une lutte inflexible, certes, mais non violente. De même que, l'année suivante, c'est par le jeûne et la prière qu'il soutient une grève des ouvriers des filatures d'Ahmedabad.

Ces luttes pacifiques portent des fruits. Autour de Gandhi, dans son sillage, la désobéissance civile gagne du terrain. Lui-même devient, comme malgré lui, un leader d'opinion – à moins qu'il ne faille parler d'un directeur de conscience collective ?

Vérité et force d'âme

Il est devenu la « Grande Âme », selon l'expression du poète Rabindranath Tagore. Il s'est constitué, à Sabarmati, un lieu de retraite : quelques maisons basses, deux ou trois arbres, des chèvres, la rivière toute proche… C'est l'ashram de Gandhi, qu'il nomme *Satyagraha Ashram*. Que signifie le terme *satyagraha* ? On le traduira souvent par « non-violence » – ce qui est réducteur. Au sens propre, cela voudrait plutôt dire « la vérité par la force d'âme ». Gandhi s'en explique dans un texte daté de 1920 : « Quand l'âme étreint la vérité, elle possède une force dont il faut savoir se servir pour sevrer l'adversaire de son erreur par la patience et la sympathie, pour éveiller chez lui un certain sentiment de chevalerie. »

Les liens cachés de la chair

La vie sexuelle du Mahatma est au centre de nombreuses interrogations. En 2010, Jad Adams, historien britannique, avait rappelé son étrange habitude de passer des nuits avec des jeunes femmes nues, dans l'intention de « mettre sa chasteté à l'épreuve »… Encore plus étonnantes, en 2011, les révélations de Joseph Lelyveld, journaliste américain, sur la correspondance intime de Gandhi, en 1904, avec l'architecte allemand Hermann Kallenbach : « Je prierai toujours, lui écrit-il par exemple, pour que jamais je ne sois en situation d'avoir à renoncer à cet amour presque surhumain. » Ou encore : « J'aurais voulu te chasser de mes pensées, je n'y arrive pas ; c'est te dire combien tu as pris possession de mon être. [...] Le contrat non écrit qui nous lie voudrait que l'on dénoue les liens de la chair pour ne conserver que ceux de l'esprit. » La réaction de l'opinion indienne à ces révélations a été si forte que le gouvernement a décidé d'acquérir – pour un million d'euros environ – la totalité des lettres litigieuses afin de les soustraire à la curiosité des chercheurs.

À cette époque, les lois Rowlatt ont restreint les droits des autochtones ; elles permettent d'emprisonner sans jugement tout agitateur ! Aussi le Mahatma a-t-il orchestré, en réponse, une grève générale, dangereuse pour l'économie indienne. Or, le 13 avril 1919, alors qu'il se trouvait une fois de plus en prison, l'armée britannique a tiré sur une foule pacifique réunie à Amritsar, faisant près de 400 morts, plus de 1 000 blessés… On l'oublie parfois, mais l'épopée de Gandhi n'a pas été, loin de là, sans effusion de sang. Jamais de son fait. Au printemps 1930, il entreprend avec une poignée de partisans la « marche du sel », qui s'achèvera, au bout de 300 kilomètres, dans un gigantesque mouvement de foule. Appelé bientôt à négocier en tête à tête avec le vice-roi, il se rend à Londres pour une table ronde gouvernementale. Si incroyable qu'un tel événement ait pu paraître, celui que Winston Churchill qualifie avec humeur de « fakir à demi nu » est reçu au 10, Downing Street – et même à Buckingham Palace, pour un thé avec George V et la reine Marie !

Jeûnes et grèves de la faim ne s'en poursuivront pas moins pour celui qui, malgré tout le prestige attaché désormais à son nom, continue de séjourner régulièrement derrière les barreaux. En menaçant de se laisser mourir, il obtient souvent gain de cause. Pour le Mahatma, la désobéissance civile fait bel et bien figure d'arme suprême ; il en usera puissamment lors de la Seconde Guerre mondiale et finira par convaincre la puissance britannique de se désengager du guêpier que sont devenues les Indes. Décourager l'Angleterre : tel est bien, au bout du compte, l'objectif essentiel qu'il n'aura cessé de poursuivre.

« La lumière a quitté nos vies »

Alors que sa femme a succombé en prison, en février 1944, Gandhi est libéré le 6 mai. L'indépendance, il le sait, n'est plus qu'une question de mois : elle advient enfin le 15 août 1947 sous l'égide du prestigieux Lord Mountbatten, oncle du futur duc d'Édimbourg, en qualité de vice-roi. Mais, au désespoir de celui qui en aura été l'artisan principal, cet accomplissement s'accompagne de violences terribles et de tueries entre hindous et musulmans – il faudra, finalement, créer sur les décombres des Indes britanniques deux pays bien distincts : l'Inde et le Pakistan. Terrible échec pour Gandhi, dont le nouveau jeûne à mort, s'il interrompt pour un temps les violences, ne règle en rien la crise politique.

Janvier 1948. À 78 ans, Gandhi s'exprime pour la dernière fois en public – et ses mots sont amers. Il regrette notamment la corruption régnant dans la nouvelle classe politique au pouvoir – même s'il maintient son amitié et sa confiance au Premier ministre, Nehru – et s'alarme que certains en viennent à regretter les Britanniques ! Redoutant plus que tout une guerre civile consécutive à la Partition, il se lance, le 13 janvier, dans un nouveau jeûne. Une fois de plus, cette sorte de chantage affectif porte ses fruits : les principaux dirigeants lui promettent de tout faire pour s'entendre.

Le Mahatma réside à la villa Birla, luxueux vestige de la colonisation, à New Delhi. Le 30 janvier, à 17 heures, on vient l'avertir que la foule est là, dehors, qui l'attend pour prier. Appuyé sur ses « bâtons de vieillesse » – ainsi a-t-il surnommé, non sans malice, sa cousine Abha et sa petite-cousine Manou –, celui qui est devenu le guide spirituel d'un peuple gigantesque se présente sur la grande pelouse. On l'acclame de toute part : « *Bapu, bapu !* » – « Père, père ! » Soudain, un homme corpulent, en uniforme kaki, vient se prosterner à ses pieds, en dépit des efforts de Manou pour l'écarter ; l'homme insiste et, soudain, brandit un revolver entre ses mains jointes. Il tire sur le petit homme, à bout portant. « *Hey ! Rama !* » gémit Gandhi – « Ah ! Mon Dieu ! »

Le meurtrier, Nathuram Godse, fait partie d'un groupuscule de nationalistes hindous extrêmes… Rien que d'infiniment banal… Pourtant c'en est fini, aussi vite, aussi brutalement, de l'une des existences les plus fascinantes de l'Histoire. « La lumière a quitté nos vies, pleurera Jawaharlal Nehru sur les ondes radiophoniques, l'obscurité est partout, et je ne sais trop quoi vous dire et comment vous le raconter. Notre dirigeant bien-aimé, *Bapu*, comme nous l'appelions, le père de la Nation, n'est plus. »

22

Gare au parapluie bulgare

En mars 2018, l'ancien espion russe Sergueï Skripal et sa fille étaient victimes d'une tentative d'empoisonnement. Une affaire qui rappelle un épisode célèbre de la guerre froide : celui fomenté, en 1978, à l'aide d'un – apparemment – bien anodin riflard...

Espionnage et contre-espionnage, réseaux dormants, agents infiltrés, liquidation d'opposants... L'univers de la guerre froide ne s'est pas soudainement évaporé, en 1972, à la faveur de l'invitation de Richard Nixon et de Henry Kissinger au Kremlin. Loin de là. Presque jusqu'à l'effondrement du bloc soviétique, en 1991, un affrontement souterrain, mais violent, n'a cessé d'opposer les deux superpuissances issues de la Seconde Guerre mondiale. Enjolivé à l'envi par les aventures d'OSS 117 ou de James Bond, ce conflit de l'ombre aura fait d'innombrables victimes, reconnues ou non... Au nombre des plus fameuses : le dissident bulgare Georgi Markov.

Dans la nuit du 7 au 8 septembre 1978, dans son appartement londonien, cet intellectuel se réveille nauséeux et fiévreux. Georgi se masse la jambe ; la veille dans la soirée, il a été piqué, peut-être par un insecte ; s'est formé sous sa peau un renflement rougeâtre qui prend, dans la matinée du vendredi 8, un aspect des plus inquiétants. Sa femme le conduit à l'hôpital le plus proche, en lisière de Hyde Park. Or les médecins, qui craignent la septicémie, se montrent perplexes.

Au pont de Waterloo

Pressé de questions par son entourage, Georgi Markov s'efforce de se rappeler les circonstances de la piqûre… Il pouvait être 18 h 30, le jeudi 7 septembre, lorsque, attendant son bus au pont de Waterloo pour se rendre aux studios internationaux de la BBC, il a ressenti à la cuisse une brûlure aiguë. Au même moment, le Bulgare a entendu un homme à l'accent étranger s'excuser d'avoir laissé choir son parapluie ; puis il l'a vu ramasser ce grand objet noir et disparaître. De là à penser que l'embout du parapluie ait pu être empoisonné… Il est vrai qu'à deux reprises, déjà, Markov a fait l'objet d'attaques manquées de la part des services secrets bulgares, la redoutable DS (*Darzhavna Sigurnost*, « Sécurité d'État »). Notons au passage que le 7 septembre, jour de l'attentat, était aussi celui de l'anniversaire de celui qui, depuis 1955, avait fait main basse sur le Parti à Sofia : Todor Jivkov, secrétaire général du comité central du PC bulgare jusqu'à sa chute, en 1989.

À près de 50 ans, Markov, romancier, dramaturge, était devenu la plume de l'opposition bulgare en exil. Neuf ans plus tôt, en 1969, il avait demandé à l'Italie l'asile politique, avant de venir se fixer en Grande-Bretagne ; depuis lors, dans un anglais fraîchement appris mais d'autant plus précis, il dénonçait les travers du régime. Le dissident londonien était un ennemi déclaré du pouvoir communiste bulgare, brocardant Jivkov et ses sbires, les dépeignant comme inféodés jusqu'à l'absurde à l'URSS. Ses pièces, enfin traduites et montées, ont eu du succès. Ses tribunes ont marqué l'époque sur les ondes britanniques de la BBC, mais aussi sur celles, américaines, de Radio Free Europe, enfin sur celles de la Deutsche Welle (le service international de diffusion de l'Allemagne), il a fait entendre une voix si dissidente que les Bulgares, par contumace, l'ont condamné à six ans et demi de prison. À moins que la DS n'ait secrètement choisi d'aller plus loin…

Un coup d'éclat, un coup manqué

Le samedi 9, la tension artérielle de Markov est au plus bas. Le dimanche, il crache du sang et meurt dans la matinée du lundi 11 septembre 1978. Or, à ce stade, personne ne saurait étayer la moindre hypothèse quant aux causes d'une mort si soudaine. Certes, on pratique une autopsie, mais sans pouvoir en tirer de conclusion définitive. Les choses auraient pu, auraient dû rester nébuleuses si, depuis l'autre rive de la Manche, un second réfugié bulgare ne s'était manifesté.

Vladimir Kostov, 46 ans, réside alors à Paris depuis quatre ans ; un temps correspondant de l'agence de presse bulgare, il a obtenu de la France l'asile politique en 1977. Un acte de défiance, au regard de Sofia – une trahison, selon ses camarades du Parti. Or, moins de trois semaines avant la mort de Markov, le 26 août 1978, Vladimir était avec sa femme et ses enfants dans un escalier mécanique du métro, sur les Champs-Élysées, quand il a ressenti, au niveau des omoplates, une douleur virulente. Un homme l'a aussitôt dépassé d'un pas vif – il portait un sac sous le bras. Le lendemain, le réfugié se plaint de sa brûlure dans le dos ; fiévreux, il décide alors de se rendre aux urgences, où un interne n'attribue son malaise qu'à une piqûre de guêpe. Lui n'en croit rien et redoute un coup des services secrets bulgares... Force est cependant d'admettre que son état s'améliore très vite ; le plus simple serait peut-être de tourner la page.

C'est en apprenant par les journaux, quinze jours plus tard, le sort fait à son compatriote Markov, à Londres, que Kostov établit des rapprochements : le coup furtif et douloureux porté, dans la rue, par un passant pressé, la boursouflure, la fièvre... Vladimir s'en convainc : le dissident londonien et lui ont certainement été victimes de la DS bulgare, opérant de façon similaire, avec des résultats différents – heureusement pour lui.

Il alerte la police judiciaire, qui, de son côté, se met en rapport avec Scotland Yard. Les Britanniques prennent l'affaire au sérieux et dépêchent illico deux agents sur le continent. Sous contrôle de plusieurs services occidentaux, un chirurgien procède, dans une maison discrète, à l'inspection minutieuse du dos de Kostov, jusqu'à en extraire une minuscule bille creuse, de la taille d'une tête d'épingle et qui se révélera d'un alliage de platine et d'iridium. Or, le minuscule projectile porte d'indiscutables traces de poison – et quel poison : de la ricine ! D'infimes perforations ont été pratiquées dans la bille, obturées à l'origine par un mélange cireux censé se dissoudre à la température du corps. Ainsi les policiers ont-ils découvert l'instrument pervers d'un empoisonnement à retardement.

La ricine, un poison si discret

La ricine est issue des graines d'un arbre tropical, le ricin. Alors que l'huile extraite de ces graines est bénéfique pour la santé, la ricine inhalée, ingérée ou injectée dans le système sanguin – même à dose infime – entraîne une baisse de la pression artérielle, de graves dommages au foie et aux reins, enfin le coma et la mort.
Avantage supplémentaire pour les assassins : la ricine laisse peu de traces derrière elle.

Un scénario digne d'un film

Ordre est dès lors donné par les autorités britanniques d'exhumer le corps de Georgi Markov afin d'y pratiquer une seconde autopsie. Les médecins légistes retirent alors de la cuisse une petite bille identique à celle extraite du dos de Kostov ! Preuve sera faite, *post mortem*, d'un empoisonnement à la ricine.

Comment la bille est-elle entrée dans les chairs du dissident bulgare ? En recoupant les éléments dont ils disposent, les enquêteurs penchent pour l'utilisation d'un pistolet à air comprimé, dissimulé, imaginent-ils, dans l'embout du parapluie qu'avait fait tomber, selon Markov, le passant à l'accent étranger. Ainsi, l'empoisonnement ne se serait pas fait par contact avec le « pépin », mais par le truchement d'un coup de feu discret.

À l'époque, le procédé du crime est sciemment divulgué ; il frappe l'opinion et, en France notamment, marque les esprits. À l'automne 1980 sortira même une comédie de Gérard Oury, façonnée sur mesure pour Pierre Richard : *Le Coup du parapluie*. Il y est question d'un assassinat devant être commis avec l'embout empoisonné d'un parapluie – à l'évidence un scénario inspiré, quoique librement, des affaires Markov et Kostov… C'est dire l'immense retentissement public de l'« affaire du parapluie bulgare ». Durant des années, une brigade de Scotland Yard va se démener pour tenter d'élucider l'affaire. Sans grand succès. Il aura fallu attendre l'effondrement du bloc soviétique pour que l'enquête soit menée, en Bulgarie, de façon plus efficace. Aussi savons-nous aujourd'hui à peu près comment la cible – Georgi Markov, *alias* « Vagabond » – a été désignée par le chef du renseignement bulgare en personne, Vladimir Todorov, puis repérée et atteinte par un certain agent « Piccadilly », sans doute un Danois d'origine italienne, Francesco Gullino. Bien des années plus tard, un journaliste allemand retrouvera ce Gullino quelque part en Autriche. Lorsqu'il lui demandera, devant la caméra, s'il s'est trouvé à Londres au moment des faits, ce dernier répondra de manière laconique : « C'est possible. »

Précisons que Kostov, de son côté, quoique soumis au même traitement que son compatriote, n'a jamais vu de parapluie dans l'Escalator fatidique. Ce détail lui aurait-il échappé ? À moins que, dans son cas, le mini-canon à air comprimé n'ait été dissimulé dans un autre accessoire – peut-être le sac porté par le passant pressé ? Du reste, le fait que lui a survécu à l'empoisonnement pose bien des questions : fonctionnement imparfait du retardateur chimique ? Insertion de la bille dans des tissus moins exposés ? Résistance au poison ? Le 26 août, à Paris, les températures étant fraîches pour la saison, Vladimir s'était vêtu plutôt chaudement – assez peut-être pour amortir l'impact et diminuer ses conséquences…

Made in URSS

Ce qui est certain, c'est que l'opération menée par la *Darzhavna Sigurnost* ne s'est ébruitée que parce qu'elle a échoué. Si Kostov était mort empoisonné, les deux attentats seraient passés pour des morts mystérieuses, à défaut d'être naturelles. Comment ne pas supputer, dès lors, qu'un procédé aussi discret – aussi raffiné, si l'on peut dire – ait servi à d'autres reprises, sans que personne, jamais, s'en soit douté ? C'est d'autant plus plausible que le procédé appartenait au tristement célèbre KGB. Si l'on en croit Vladimir Fédorovski dans son *Roman de l'espionnage*, ce sont bel et bien les Soviétiques qui avaient caché le petit canon à air comprimé dans les embouts d'un lot de parapluies américains, acheté du reste à Washington. Le renseignement bulgare n'avait fait qu'emprunter son jouet au « grand frère ».

Si la mort de Sergueï Skripal a semé un tel trouble outre-Manche, c'est que Londres a plusieurs fois été, par le passé, le théâtre de crimes perpétrés par les services russes et soviétiques ; déguiser des assassinats politiques en morts naturelles est, il est vrai, une grande habitude en leur sein. Dans son ouvrage *La Fabrique de poisons du KGB, de Lénine à Litvinenko*, Boris Volodarski, ancien officier du GRU (le pendant militaire du KGB), livre mille précisions sur les laboratoires secrets de l'Union soviétique, fondés sur ordre de Lénine en personne. Cyanure, ricine… le comble du savoir-faire est atteint avec les substances radioactives : de l'empoisonnement au thallium du « traître » Nicolas Kholkhov, en 1957, à celui, en 2006, de l'ancien agent Alexandre Litvinenko, à l'aide de polonium 210.

POSTFACE. L'ATELIER DE L'ALCHIMISTE

Historia – Franck Ferrand, vous êtes tout à la fois homme de radio, historien, conteur et même artiste… Lequel de ces rôles vous définit-il le mieux ?

Franck Ferrand – Celui de conteur, sans doute. J'aime par-dessus tout concevoir un récit, l'incarner, « embarquer » les gens avec moi pour des voyages dans le temps. C'est ce qui me fait vibrer. Lors de mes débuts à la radio, en 2003, j'arrivais avec mes diplômes et mes prétentions. Je me revois demander à Jérôme Bellay, le directeur général, pourquoi il ne m'invitait jamais dans l'émission « C dans l'air », qu'il venait de lancer par ailleurs à la télévision. Il m'avait librement répondu : « Pour moi, plus qu'un expert, vous êtes un conteur. » J'avais été mortifié par ce point de vue que je vivais comme une injustice ! Quinze ans plus tard, je me dis qu'il avait mille fois raison. Encore fallait-il que j'aie la maturité pour l'admettre.

H. – À quand remonte votre rencontre avec la muse Clio ? L'avez-vous vécue comme un coup de foudre ?

F.F. – Vraiment ! Un coup de foudre c'est d'abord un regard, un éblouissement. C'est précisément ce que j'ai ressenti vers l'âge de 7 ans lorsque j'ai découvert, chez des amis du voisinage, un manuel d'histoire de France. J'ai été subjugué par sa couverture : le portrait équestre de Louis XIV, figuré jeune par le peintre Houasse. Je me souviens d'avoir été émerveillé par la représentation de ce roi magnifique, juché sur un cheval cabré, en justaucorps brodé d'or et chapeau à panache. J'entends encore la mère de mes petits voisins s'exclamer : « C'est de l'histoire de France, tu es trop petit pour comprendre ! » Aussitôt je me suis dit : voilà ce que je veux faire : « de l'histoire de France » !

Dès l'année suivante, à l'école, je me suis retrouvé face à une institutrice qui, chaque semaine, nous faisait tirer les rideaux de la classe pour projeter sur un écran de grandes images et nous raconter la bataille de Bouvines, la cour de François Ier, le sacre de Napoléon… Je vivais intensément ses récits, avec l'impression d'en être le témoin direct. J'aimais ces moments par-dessus tout et m'en délectais. Le soir de la leçon – tant attendue – sur le fameux Louis XIV, ma mère m'a offert le livre sur Versailles qu'elle avait reçu, naguère, comme prix d'excellence… Un talisman ! J'ai partout traîné ce livre pendant des mois !

H. – L'Histoire occupait-elle un rôle particulier dans votre milieu familial ou êtes-vous le premier à avoir attrapé le virus ?

F.F. – On en faisait peu de cas. Mes parents, petits commerçants à Poitiers, ne s'intéressaient pas vraiment à tout cela – mais ils respectaient beaucoup la culture et le savoir. Ma mère aimait par ailleurs les romans historiques, notamment ceux de Pearl Buck qui la faisaient voyager par la pensée dans la Chine impériale... Cela n'en faisait pas une passionnée ; et nous sommes passés souvent devant le château de Langeais ou la cathédrale de Chartres sans prendre le temps d'en pousser les portes... J'en ai souffert et je me disais qu'un jour, devenu adulte, je surmonterais l'interdit et visiterais tous les monuments du monde !

Précisons que j'avais un oncle assez peu banal, et qui a joué un rôle dans ma formation. C'était un féru d'histoire et notamment un connaisseur du Premier Empire. Son savoir m'exaltait. J'aimais enfin l'émission de télévision « La tête et les jambes », de Jacques Antoine, que présentait Pierre Bellemare. Des candidats érudits répondaient à des questions d'histoire qui me semblaient inaccessibles. Les voir énumérer, par exemple, les noms des plus grands sites archéologiques mayas relevait pour moi de la prestidigitation. Cela valait tous les spectacles de magie ! Et je me disais : « Ah ! si seulement je pouvais acquérir un savoir comme celui-là. » C'est en suivant leur exemple que je suis devenu une sorte de petit singe savant.

H. – Pour quelle époque vous passionnez-vous le plus ?

F.F. – Aujourd'hui ?... L'école de la radio a fait de moi un généraliste aux centres d'intérêt innombrables (dans une discipline où la norme est d'être ultra-spécialisé). Mon domaine d'élection demeure le Grand Siècle – parce que tout y était beau, mesuré, abouti, maîtrisé : les textes, les tableaux, les bâtiments, les jardins, la musique, absolument tout ! Le règne de Louis XIV marque sans doute l'apogée du pays – même s'il est permis de lui préférer celui de Saint Louis…
Mon esprit aime aussi vagabonder dans la Belle Époque du cinématographe, de l'aéroplane, de l'automobile, des dames à grands chapeaux et voilettes, des messieurs à moustache en guidon de vélo… L'époque du caf'conc' et des Concerts Lamoureux, de la « fée verte » et de la Fée électricité… Tout cela me fascine.
Mais j'ai eu mes périodes Renaissance, Macédoine antique, Mérovingiens, Achéménides, Japon d'Edo, entre autres…

H. – Vous signez chaque mois dans *Historia* ce grand récit dont vous avez le secret. Quel est votre lien à ce magazine qui fête ses cent dix ans en cette année 2019 ? Quelle place occupe-t-il dans votre cheminement vers la vulgarisation ?

F.F. – Quand je suis entré en sixième, mon prof de français – par ailleurs élève de Roland Barthes –

affectait de mépriser l'orthographe. Imaginez la consternation des parents d'élèves… Ma mère a demandé à une fidèle cliente du magasin – une ancienne institutrice née au XIXe siècle – de me donner des leçons particulières. Tous les samedis après-midi, je me rendais chez elle, dans un bel appartement peuplé de livres et d'œuvres d'art. Un rêve pour moi. Or, cette dame avait une passion pour *Historia* ! Pendant deux ou trois ans, c'est d'*Historia* qu'elle tira toutes les dictées auxquelles elle m'exerçait.

Elle m'a fait ainsi découvrir les grands auteurs du magazine : selon elle, Alain Decaux était le plus pertinent, André Castelot le plus élégant et Philippe Erlanger le plus étonnant. Ainsi m'est venu, sans doute, le goût d'histoire accessible et jubilatoire. Je suis devenu un fidèle absolu de l'émission d'Alain Decaux, « L'histoire en question ». Les journées qui promettaient de se conclure par un numéro inédit étaient bénies pour moi… Tout cela m'est resté au point que, de nos jours, au moment d'écrire pour *Historia*, j'éprouve le besoin de recréer un certain climat : je ne me mets à l'ouvrage qu'après avoir visualisé mentalement Alain à ma droite, André à ma gauche.

H. – Le récit historique était-il pour vous un moyen de vous évader dans un ailleurs pour pallier une certaine solitude ?

F.F. – J'étais un enfant complexe, à la fois introverti et séducteur ; mais j'étais surtout un très grand rêveur.

J'investissais mon énergie dans l'imaginaire. Tôt, dès 8 ou 9 ans, je me suis inventé un monde à part, qui empruntait au Louvre, à Versailles, à Chambord… Tout ce qui était royal… Avec une aversion très marquée pour la Révolution française qui, à mes yeux d'adolescent, était une sorte de péché originel… J'ai – un peu – évolué à ce sujet [*rires*].

H. – N'est-ce pas trop contraignant d'être considéré comme le fils spirituel d'Alain Decaux ? Cela vous oblige-t-il à respecter une certaine ligne de conduite, une discipline en matière de transmission historique pour rester fidèle au modèle ?

F.F. – C'est une injonction de bien faire… Mais j'ai d'autres modèles ! Souvent je me demande, quand j'écris un article : est-ce que Gosselin Lenotre aurait trouvé ce texte acceptable ? Ou Louis Madelin, ou Frédéric Masson, ou Henri Guillemin… Je ne voudrais pas trop démériter à leurs yeux. C'est comme une sauvegarde pour ne pas sombrer dans la redite. Le grand ennemi du vulgarisateur, c'est la compilation.

H. – En 2016, lors de la 7e cérémonie de remise des prix *Historia* au Petit Palais à Paris, il m'était apparu naturel de vous demander de rendre hommage à Alain Decaux disparu quelques semaines auparavant. À vous écouter faire revivre ce grand homme, un frisson a parcouru la salle. Quel souvenir gardez-vous de lui ?

F.F. – Alain Decaux, reprenant une formule d'Octave Aubry, se définissait comme « écrivain d'histoire ». Il a passé sa vie à surmonter l'ostracisme que lui faisaient subir certains universitaires qui déniaient le qualificatif d'historien à cet homme de médias, ancien secrétaire de Sacha Guitry…
J'ai eu la chance de le rencontrer au moment où j'ai publié mon premier ouvrage, *Ils ont sauvé Versailles,* chez Perrin, son éditeur historique. À cette époque, il m'a pris sous son aile, de même qu'André Castelot d'ailleurs – mes deux mentors d'*Historia* –, et ce fut pour moi un rêve qui se réalisait. Chez Alain Decaux, boulevard Flandrin, lorsque venait le temps de se dire au revoir, je me confondais en remerciements. Je l'entends encore me répondre : « Mais non, mais non, n'inversons pas les rôles, c'est moi qui vous remercie. » C'était un homme d'une humilité et d'une courtoisie exceptionnelles. Et qui, chose rare à Paris, écoutait plus qu'il ne parlait.

H. – Comment assumez-vous le statut de « passeur d'histoire » ?

F.F. – Il y faut une bonne dose d'humilité ; nous sommes ceux qui traduisent en termes accessibles à tous ce que d'autres se sont ingéniés longuement à formuler dans un langage savant… Le vulgarisateur est-il un pilleur, un traître, un amateur ? Je me considère plus volontiers comme une sorte de traducteur utile. Si nous n'étions pas là, dites-moi comment les travaux universitaires auraient un écho hors de la sphère étroite de la « communauté scientifique » ?

H. – Quel est votre secret pour rendre l'histoire vivante ?

F.F. – Cela relève au sens propre de l'éloquence. Savoir acquis ou don de naissance ? En parlant de cela avec Ève Ruggieri – orfèvre en la matière –, nous avons réalisé que nos premières armes, elle comme moi, nous les avions faites dès l'enfance, en cour de récréation, auprès de petits camarades que nous adorions – déjà ! – fasciner par nos récits… Ce qui n'exclut pas une longue, très longue phase de maturation. J'ai été diplômé de l'EHESS en 1991. Eh bien, jusqu'en 2003, je me suis contenté – si l'on peut dire – d'écrire des livres ! Je passais des matinées entières dans mon bain, qu'il me fallait d'ailleurs réchauffer plusieurs fois… [*rires*]. Pendant ces douze ans, j'ai pas mal médité, beaucoup laissé courir mon imagination, énormément lu aussi... Je me suis imprégné à la manière d'une éponge. À l'heure où je vous parle, je n'en ai pas encore extrait tout le suc.

H. – Avez-vous une méthode spécifique pour entretenir votre mémoire encyclopédique ?

F.F. – Jusqu'à 25 ans environ, mémoriser n'est pas un effort. À 50 ans, c'est autre chose... J'ai eu la chance d'être amené, par je ne sais quelle boulimie, à beaucoup emmagasiner très jeune : Corneille, Giraudoux... Les pièces de théâtre, apprises par cœur il y a vingt-cinq ans, ne demandent qu'à ressortir aujourd'hui... Il y a quelques années, sur un navire de croisière, un auditeur m'a fait par ailleurs cette confidence : « Monsieur Ferrand, j'ai compris comment vous faisiez pour vous mouvoir avec aisance dans les siècles passés. Vous avez une mémoire (géographique) : vous déambulez dans le temps comme aux différents étages d'un vaste immeuble. Vous en connaissez les couloirs, les escaliers et les appartements. » Il m'a semblé qu'il avait raison ; certains parleraient d'une mémoire en trois dimensions...

H. – Vous n'esquivez pas les sujets polémiques, vous vous en amusez même. Je pense à votre ouvrage sur François Ier qui, selon vous, ne fut pas le plus grand roi de la Renaissance, je pense aussi bien sûr à la bataille d'Alésia que vous situez dans le

Jura et non en Bourgogne… Faire vivre l'histoire, est-ce se méfier du consensus ?

F.F. – Cette disposition mentale est plus forte que moi. Mon père vous le dira : j'ai l'esprit de contradiction ! Il suffit qu'on m'assène un peu trop fort une vérité un peu trop établie pour que me prenne l'envie d'en douter. L'enquête – au sens policier du terme –, voilà pour moi la grande affaire ! Mes héros, si j'ose dire, s'appellent Sherlock Holmes, Hercule Poirot, Jules Maigret et Columbo… « Enquête », après tout, n'est-ce pas là le sens littéral du mot grec *Historia* ? J'aime me retrouver face à des énigmes et tenter de les résoudre en toute indépendance d'esprit. Sans tomber, loin de là, dans un systématisme.

H. – Qu'est-ce qui vous rend heureux, Franck Ferrand ?

F.F. – Par exemple, de mettre le doigt sur un détail qui permette de soudain saisir une situation jusque-là incompréhensible. Quand, d'un seul coup, en déplaçant légèrement le rai de lumière, tout vient à s'éclairer. C'est ce vers quoi nous tendons tous. Non ?

Propos recueillis par Éric Pincas,
*rédacteur en chef d'*Historia.

TABLE DES MATIÈRES

Composition et mise en pages :
FACOMPO, Lisieux

Imprimé en France par

MAURY IMPRIMEUR
à Malesherbes (Loiret)
en février 2019

N° d'impression : 242786
S29505/01